dtv

»Was machen die Kinder?« Diese Frage stört nicht weiter, solange es um Windpocken oder den Freischwimmerschein geht ... Später, wenn es außer von lila Haaren nichts weiter zu berichten gibt, kann sie belastend wirken. Aber keine Angst, andere Eltern lügen auch – nur Laurie Graham nicht: Mit souveränem Humor und Sinn fürs Machbare bewegt sie sich im Alltag zwischen Pickeln, musikalischen und anderen ideologischen Auseinandersetzungen und der ständig wiederholten Behauptung: »Du verstehst mich nicht!«. Eine existentielle und tröstliche Lektüre für alle, die plötzlich über den Sinn eines Gesäßtattoos und die wirkliche Bedeutung von »spät« diskutieren müssen oder über die Tatsache, daß sie von der Liebe (und auch sonst) keine Ahnung haben. Für alle, die ihre Kinder vor Drogen, Aids und ähnlichem bewahren wollen, ohne Gefängniswärter zu spielen.

*Laurie Graham* stammt aus Leicester, lebt in Cambridge und hat selbst vier Kinder.

Laurie Graham

# Teenager

## Überlebensbuch für die Eltern

Deutsch von
Dagmar Hartmann

Deutscher Taschenbuch Verlag

Von Laurie Graham
sind im Deutschen Taschenbuch Verlag erschienen:
Überlebensbuch für Eltern (20699)

Ungekürzte Ausgabe
Mai 1994
6. Auflage September 2005
Deutscher Taschenbuch Verlag GmbH & Co. KG,
München
www.dtv.de

Titel der englischen Originalausgabe:
›Teenagers. A family survival guide‹
(Chatto & Windus Ltd., London)

Umschlagkonzept: Balk & Brumshagen
Umschlagbild: © Die Illustratoren Corinna Hein/Bill Greenhead
Gesamtherstellung: Druckerei C. H. Beck, Nördlingen
Gedruckt auf säurefreiem, chlorfrei gebleichtem Papier
Printed in Germany · ISBN 3-423-20816-3

# Inhalt

Einleitung . . . . . . . . . . 7

Zehn Dinge, die Eltern von Teenagern unbedingt haben sollten, und zehn Dinge, die ein Teenager wissen sollte . . . . . . . . . . 9

Der lange Abschied
*Reifezeit im modernen Westen* . . . . . . . . . . 11

Ein völlig normaler Teenager
*Kennzeichen des Teenagers* . . . . . . . . . . 22

Plötzlich, am letzten Donnerstag
*Die körperlichen Veränderungen* . . . . . . . . . . 26

Ein hübsches Sportjackett
*Teenager und Mode* . . . . . . . . . . 38

Was der Frieden kostet
*Teenager und Geld* . . . . . . . . . . 47

Wer alt genug ist, die Sachen fallen zu lassen, der ist auch alt genug, sie wieder aufzuheben
*Teenager und Hausarbeit* . . . . . . . . . . 53

2,4 Kinder und andere Mythen
*Der Teenager und seine Familie* . . . . . . . . . . 58

Die schönste Zeit Ihres Lebens
*Teenager und die Schule* . . . . . . . . . . 68

Das älteste Hobby der Welt
*Teenager und Sex* . . . . . . . . . . 81

Sorgenfreie Jugend und andere Bürden
*Teenager und Streß* . . . . . . . . . . 96

Das schlimme Wort mit »D«
*Teenager und Drogen* . . . . . . . . . . 110

Unverstandener Ausreißer
*Teenager, die abhauen* . . . . . . . . . . 126

Irgendwo ist Schluß
*Teenager und vernünftige Grenzen* . . . . . . . . . . 132

Die Fäustel am Bande
*Von der Kunst, loszulassen* . . . . . . . . . . . . . . . . 144
Sperr mich ein, binde mich fest
*Die Folgen des Loslassens* . . . . . . . . . . . . . . . . 158
Immer nur lächeln
*Die gute Nachricht über Teenager* . . . . . . . . . . 170

# Einleitung

Vor ein paar Jahren, als ich schon Unmengen schlafloser Nächte und lahmer Schultern hinter mich gebracht hatte, schrieb ich meine Erfahrungen beim Aufziehen von vier kleinen Kindern nieder. Voller Entzücken stellte ich fest, daß ich auf einer Wellenlänge mit vielen meiner Leser lag. Natürlich gab es schon genügend Bücher über das Thema, aber keines von ihnen befriedigte mein Bedürfnis zu beschreiben, was für eine schmutzige, klebrige, wundervolle Erfahrung das sein kann. Deshalb schrieb ich mein ›Überlebensbuch für Eltern‹. Ich hatte ja keine Ahnung, daß ich noch einmal in ein tiefes, schwarzes Loch aus Angst, Schuld und Euphorie fallen würde, als meine vier Kinder zu Teenagern heranwuchsen.

Ich las ein paar Bücher, aber da wußte ich schon, was mich erwartete. Es ist ja schön und gut, und auch ganz interessant, über die Physiologie und die Psychologie von Heranwachsenden zu lesen und sich mit den Gesetzen vertraut zu machen, gegen die Kinder verstoßen könnten. Aber ich wollte einfach immer noch wissen, wie es *ist*, wenn man mit einem Kleinkind lebt, das sich plötzlich rasieren muß. Es gab wenige Bücher, die auch nur versuchten, mir das begreiflich zu machen.

Ich wandte mich an Freunde und Nachbarn. Viele von ihnen waren schon weiter, was die Aufzucht von Teenagern anging, und sie erzählten mir, was sie wußten. Während sie redeten, schrieb ich, behielt dabei aber immer meinen eigenen Haushalt im Auge. Zwischendurch, als meine eigenen Kinder eine Welt aus Popkonzerten, Sex und Designerjeans entdeckten und ich von orkanartigen Krisen geschüttelt wurde, hörte ich allerdings auf zu schreiben.

Als ich endlich mit der ersten Fassung dieses Buchs fertig war, war mein ältester Teenager achtzehn und verließ das Haus. Inmitten all der Aufregung und Traurigkeit anläßlich dieses Ereignisses glaubte ich, einen Hauch dessen zu verspüren, was uns erwartete: etwas Neues, ruhigere Zeiten und das Vergnügen, erwachsene Kinder zu haben. Aber im Augenblick stecke ich noch mitten drin in Teenagern – nicht im Buch, nicht im Film – nein, im RICHTIGEN LEBEN.

Dieses Buch widme ich meinen Kindern, den Teenagern, und den Dutzenden von Eltern, die so großzügig waren, mir die Wahrheit zu sagen.

## Zehn Dinge, die Eltern von Teenagern unbedingt haben sollten

Ein Telefonschloß

Praktisch verwertbare Kenntnisse quadratischer Gleichungen und der Geschichte des Völkerbundes

Augen am Hinterkopf

Die Bereitschaft, diese zu schließen

Einen Vorrat an Clearasil

Ein Foto von sich selbst im Alter von fünfzehn Jahren

Einen funktionstüchtigen, mit schweren Ketten befestigten Kugelschreiber

Freunde mit wundervollen, erwachsenen Kindern

Ein Paar heile Reserve-Strumpfhosen, deren Aufenthaltsort nur Ihnen und Gott bekannt ist

Ein eigenes Leben

## Zehn Dinge, die ein Teenager wissen sollte

Wasserstoffsuperoxyd, gefolgt von Schwarz, kann grünes Haar ergeben

Grünes Haar, gefolgt von Burgunderrot, kann eine Glatze ergeben

Leonardo da Vinci hatte kein Abitur

Genausowenig das Mädchen, das beim Nudel-Bernie die Tische abräumt

Batterien kann man richtig und falsch herum einlegen

1964 pflegte sich deine Mutter das Haar glattzubügeln

1.00 Uhr morgens ist nicht ein paar Minuten nach 23.00 Uhr. Es sind genau 120 Minuten

Bislang gibt es keinen Beweis dafür, daß gekreuzte Finger als Verhütungsmittel wirken

Das E-Werk erkennt keinen Unterschied zwischen dem Heizlüfter, den Du abstellen wolltest, und dem, den Du den ganzen Tag hast laufen lassen

Freie Liebe und Rebellion sind eine Erfindung Deines Vaters, und das ist eine historische Tatsache

## Der lange Abschied

*Reifezeit im modernen Westen*

Sie erwarten also einen Teenager? Wie wundervoll! Während der dreizehnjährigen Wartezeit nutzt die Spannung sich etwas ab; dennoch bleibt die Tatsache bestehen, daß vor Ihnen eine der aufregendsten Reisen liegt, die es im Bereich der zwischenmenschlichen Beziehungen gibt. Sie stehen an der Schwelle einer Zeit, in der die Nacht zum Tag gemacht wird, in der das Haus auf einer Flut von Sexualhormonen von allen Gefühlen und Requisiten der Jugendkultur überschwemmt wird. Einer Zeit, in der sich Ihre Telefonrechnung verdreifachen wird.

Man kann nie genau sagen, wann ein Teenager auftaucht. Die Brutzeit variiert enorm und ist selbst innerhalb ein und derselben Familie nicht zu berechnen. Manche Kinder sind noch mit sechzehn rosig und unschuldig. Andere stinken schon mit dreizehn nach Zigaretten. Manche gehen abends mit dem Jahrbuch des Reitervereins und einem Becher Kakao ins Bett, und wenn sie am nächsten Morgen aufstehen, zeigen sie sich mit drei Ohrringen und schlechtem Benehmen. Keiner hat etwas gehört. Während die Welt in tiefem Schlummer lag, fand unter der Bettdecke eine schreckliche Metamorphose statt, und jetzt haben wir es: eine physiologische Beinahe-Katastrophe in Designerjeans.

Aber Ihr Teenager tritt vielleicht gar nicht so auf. Eine beliebte Alternative ist der schrittweise Einzug. Dabei treten die körperlichen Anzeichen und die rebellische Mentalität an verschiedenen Tagen und nicht in vorgeschriebener Reihenfolge auf. Das macht es möglich, die Rebellion wegzustecken, ehe die Akne einsetzt, oder umgekehrt. Wenn dies attraktiver klingt, freuen Sie sich bloß nicht zu früh. Das alles unterliegt nicht Ihrer Kontrolle. Der genetische Code, der jedes menschliche Wesen zu einem Unikat macht, bestimmt, ob Ihr Teenager ganz plötzlich am ersten Donnerstag im Januar auftaucht, oder aber wöchentlich im Laufe des ganzen Jahres 1996.

Mit Sicherheit können wir nur sagen, daß ein Teenager irgendwann zwischen zwölf und zwanzig entsteht. Es handelt sich auch nicht um eine Zivilisationskrankheit, der man entfliehen könnte, indem man mit der ganzen Familie auf eine Insel im Pazifik flüchtet. Vielleicht werden Teenager in Baströcken besser verstanden, gehegt und gepflegt als bei uns, aber sie sind und bleiben doch Teenager. Das ist kein Lebensabschnitt, den man einfach überspringen kann, ganz gleich, wie sensibel oder engelsgleich ein Kind sein mag. Selbst Mutter Teresa war ein, zwei Jahre lang ein pickeliges, unverstandenes Wesen.

Es läßt sich vielleicht nicht vorhersagen, wann Ihr Teenager seinen großen Auftritt hat, aber wenn man auch nur über ein klein wenig Voraussicht verfügt, dann weiß man, wo man selbst in diesem Augenblick stehen wird. Hat man seine Kinder als Teenager bekommen, so ist man Anfang Dreißig, wenn die eigenen Kinder zu Teenagern werden. Das ist immer wieder als Pluspunkt für junge Eltern herausgehoben worden, weil man davon ausging, daß man sich mit vierunddreißig noch genau erinnern kann, wie es ist, wenn man vierzehn ist, und deshalb voller Verständnis an die Probleme herangeht.

Aber das ist ein Mythos! Und er wird dadurch noch schlimmer, daß er auf der falschen Annahme beruht, daß man alles, woran man sich mit vierunddreißig noch erinnert, mit fünfzig vergessen haben wird. Niemand vergißt je seine Teenager-Zeit!

Der eigentliche Unsinn aber besteht in der Vermutung, daß unsere Erinnerungen irgendwie relevant wären. Natürlich gibt es nichts Neues unter der Sonne. Aber das Wichtigste für die Jugend ist es, sich von anderen zu unterscheiden, und zwar vor allem von ihren Eltern. Wenn man feststellen will, wer man ist, dann muß man zuerst einmal festlegen, wer man *nicht* ist. Dabei stehen Mama und Papa ganz oben auf der Liste. Wahrscheinlich sehen die Eltern so ähnlich aus wie man selbst. Manchmal redet man auch versehentlich wie die Eltern. Außerdem besitzen sie ausgesprochen besorgniserregende Informationen über einen: daß man zum Beispiel ›Nelly der Elefant‹ sehr geliebt hat. Teenager müssen unbedingt einen Abstand schaffen zwischen ihrem früheren, kindlichen Selbst, an das die Eltern so viele peinliche und sentimentale Erinnerungen haben, und den jungen Erwachsenen, die sie zukünftig sein wollen. Wenn es etwas gibt, was Teenager *nicht* hören wollen, dann die Tatsache, daß Ihnen »ganz genau dasselbe« passiert ist, als Sie vierzehn waren. War das wirklich erst gestern?

Je näher Sie den mittleren Jahren und damit der Senilität sind, desto leichter wird es in gewisser Weise für Ihren Teenager, sich als »anders« zu definieren. Andererseits mögen die auf Äußerlichkeiten bedachten Teenager es gar nicht, wenn ihre Eltern fälschlicherweise für ihre Großeltern gehalten werden. Sie freuen sich insgeheim darüber, wenn ihre Eltern noch immer einen beschwingten Gang haben, aber nur, solange keine Konkurrenz entsteht. Wenn Mutter und Tochter für Schwestern gehalten werden, freut das nur die Mutter.

Am besten bekommt man einen Teenager dann, wenn man – wenigstens beinahe – entschieden hat, wer man ist, und noch gesund genug ist, um das zu genießen. Wenn man sich noch schmerzlich daran erinnert, wie es war, linkisch und schlaksig zu sein, aber so anständig ist, nicht darüber zu sprechen.

Wenn man nicht mehr jeden Verstoß gegen die eigenen persönlichen Maßstäbe zum Verbrechen an der Menschheit erklärt und bereit ist, sich von der Vorstellung zu verabschieden, das Einzige zu sein, was unsere Kultur vor dem Untergang rettet. Die Ankunft Ihres ersten Teenagers ist eine gute Gelegenheit, sich zurückzuziehen, zu beruhigen und wieder lächeln zu lernen.

Sie haben vielleicht andere Kinder und glauben, Sie müßten sie auf das vorbereiten, was kommen wird. Aber da gibt es ein Problem. Was kommt denn überhaupt? Und wann wird es kommen? Teenager sind immer für Überraschungen gut. Eins jedoch ist sicher: Sie sind keine guten Zimmergenossen für jüngere Geschwister. Und für ältere auch nicht. Tatsächlich sind sie als Zimmergenossen für jeden Angehörigen der menschlichen Rasse einfach unmöglich. Am besten sollte man sie getrennt unterbringen, vorzugsweise in schalldichter Abgeschiedenheit.

Ist das nicht möglich, weil Ihr Haus zu klein oder Ihre Familie zu groß ist, gewöhnen Sie sich lieber gleich an den Gedanken, daß irgendwann Blut fließen wird. Ein Alkoven mit einem Vorhang davor ist besser als nichts, auch besser als ein schönes, großes Schlafzimmer, das man mit der Besitzerin einer Barbie-Puppen-Sammlung teilen muß. Eines der kostbarsten Geschenke, die man seinem Teenager machen kann, ist eine eigene Tür, die er zuknallen kann. Sie ist zugleich ein Geschenk für die Familie.

Natürlich kann man die anderen auch vorwarnen. »Irgendwann in den nächsten beiden Jahren wird euer Bruder reizbar sein, in sich gekehrt, laut, stumm, überraschend reif, kratzbürstig, romantisch und aggressiv.« Ob das hilft? Ich glaube kaum. Sie müssen einfach den ersten Zusammenstoß abwarten und die Situation dann dem heulenden Achtjährigen erklären, der das Pech hatte, im Weg gewesen zu sein. »Ich weiß, daß Nick dich immer unter sein Bett gelassen hat, damit du nach deinen Tennisbällen suchen konntest. Aber Nick ist jetzt erwachsen, und deshalb ist der Platz unter seinem Bett tabu.«

Für ein jüngeres Familienmitglied kann das ganz schön hart sein. Gestern hatte es noch einen Freund. Heute ist der Freund ein höhnischer Fremder, der die Badezimmertür absperrt. Aber wenn ein Achtjähriger, oder sogar ein Fünfjähriger, Dinge wie TABU versteht, dann begreift ein Vierzehnjähriger sicher, daß er den Weg zum Erwachsensein nicht unbedingt mit Opfern pflastern muß. Manchmal trifft man einen stacheligen Teenager an seinem weichen Punkt, wenn man ihn daran erinnert, daß er für seinen kleinen Bruder der liebe Gott ist.

Wenn jemand mehr als ein Baby gleichzeitig im Haus hat, so ist das seine eigene Schuld. Niemand würde sich freiwillig auf eine Mehrlingsgeburt einlassen, es sei denn, es wäre die absolut einzige Chance, überhaupt ein Kind zu bekommen. Wenn sich Zwillinge oder mehr ankündigen, stählen sich die Eltern für diesen massiven Angriff auf ihre Energie und ihr Bankkonto, lächeln und tun ihr Bestes. Aber wenn Eltern Kind für Kind eine Familie aufbauen, dann denken nur wenige daran, wie diese Familie in fünfzehn Jahren aussehen wird, wenn darin eine Vielzahl von Teenagern lebt. Sie bilden sich ein, es wäre überhaupt kein Problem, wenn man gleichzeitig einen siebzehnjährigen, einen fünfzehnjährigen und einen dreizehnjährigen Teenager hat. Sie glauben sogar, es wäre lustig, weil die Kinder sich gegenseitig Kleider ausleihen und nächtelang gemeinsam Musik hören würden. Erst wenn sie eines Tages die Finger der Siebzehnjährigen von dem mageren Hals der Dreizehnjährigen gelöst und jede mit ihrem ureigenen, mit Farbcode und Monogramm versehenen Lady-Shave ausgestattet haben, begreifen sie. Aber dann ist es zu spät.

Ein Teenager ist eine Herausforderung. Zwei Teenager sind eine Gratwanderung. Mit drei oder noch mehr Teenagern wachsen die Probleme völlig unberechenbar an. Jeder Teenager ist ein Verwandlungskünstler, ein tiefes, düsteres Rätsel. Und keiner von ihnen steht für sich allein. Der Ausbruch des einen löst ein Feuerwerk beim anderen aus. Ich habe immer gedacht, Kinder sollten sich absprechen und abwechselnd aufdrehen – aber das funktioniert nicht. Oft ist man gezwungen, sich den Terror in Stereo anzuhören.

Selbst wenn nur ein einziger Teenager in Ihrem Haus wohnt, qualifizieren Sie sich dadurch automatisch für den engen Kontakt zu anderen. Die Teenager anderer Menschen essen bei Ihnen, benutzen Ihr Telefon, um mit ihren Eltern zu streiten, schlafen auf Ihrem Fußboden, behaupten, auf Ihrem Boden geschlafen zu haben, wenn das gar nicht der Fall war, und blockieren Ihr Bad.

Teenager treten vorzugsweise im Rudel auf. Es hat wenig Sinn, sich gegen diese Tendenz zu wehren, und eigentlich ist es sogar eine recht gute Sache. Die meisten Rudel sind laut, aber harmlos. Sie sind das perfekte Forum für Experimente und Selbstfindung. Will man anders sein als die anderen, so tut man sich am besten mit fünf anderen zusammen, die auf genau dieselbe Art anders sein wollen.

Der Jugendliche, der sich niemals einer Clique anschließt, ruft bei Eltern Bewunderung hervor, vor allem bei den Eltern anderer Leute. Sie wünschen sich, *ihre* Tochter würde daheim bleiben und Tonleitern üben, anstatt zu versuchen, irgendwelche Knaben von ihren Boxershorts zu befreien. Manchmal werden aus denen, die dem Gruppenleben widerstehen, starke, sozial eingestellte junge Erwachsene mit ausgeprägtem Selbstbewußtsein. Aber oft auch nicht. Sonderbare Teenager neigen dazu, sonderbare Erwachsene zu werden. Und es gibt fast nichts, was man dagegen tun könnte. Wenn Ihr Sonderling eine Art Einstein ist, betrachten Sie ihn voll Ehrfurcht. Warten Sie ab, bis er Geschichte macht. Aber wenn er einfach nur ein Sonderling ist, weder musikalisch noch kreativ, und auch nicht für die Olympiade 2000 trainiert, sondern einfach nur in seinem Zimmer hockt, in der Nase bohrt und *Firearms Monthly* liest – dann kann es nicht schaden, ihm einen Schubs in die richtige Richtung zu geben. Wie es scheint, ist es gut für die künftige geistige Gesundheit, wenn man ein paar Jahre lang dieselben Sweatshirts trägt und mit derselben komischen Stimme spricht wie die anderen.

Eine Zeitlang gehören also die Teenager anderer Leute zu Ihrer Familie, und genauso werden sich Ihre Kinder in anderen Haushalten aufhalten. Als sie noch klein waren, kamen andere Kinder zum Spielen, manchmal wurden sie auch zum Essen eingeladen, und ganz, ganz selten blieben sie über Nacht. Teenager kommen nicht zum Spielen. Sie kommen zum Mitternachts-Imbiß, für den mindestens zwei ganze Brote nötig sind. Sie kommen am Freitagabend um fünf, um sich für eine Party fertigzumachen, die am Samstagabend um neun Uhr beginnt. Und sie kommen zum Schlafen. Für eine Woche. Einen Monat. Wer zählt schon die Nächte?

Es gibt Dinge, die wirken wie ein Magnet. Ein Billardtisch lockt jeden Teenager im Umkreis von fünf Meilen an Ihre Schwelle. Jede Art unaufdringlichen Komforts – ein abgetrenntes Wohnzimmer, ein Zweitanschluß des Telefons – läßt sie in Scharen herbeiströmen, und jedes schwarz gestrichene oder mit alten Eierkartons tapezierte Zimmer, jede Andeutung von bunten Glühbirnen, bringt Ihnen unter Garantie (mindestens!) zwei Sterne in der nächsten Ausgabe des Schnäppchenführers für *coole* Bleiben ein.

Ach, Sie wollen nicht in diesem Führer erscheinen? Nun, das läßt sich leicht vermeiden. Aber Sie müssen sich wirklich für die eine oder andere Richtung entscheiden, und zwar, ehe Ihr erster Teenager loslegt. Wenn Sie erst mal den Ruf haben, gastfreundliche, *coole* Leute zu sein, werden Sie den nur schwer wieder los. Wenn Sie sich nicht sicher sind, ist es viel besser, streng offiziell anzufangen, den Neuankömmlingen die Hand zu schütteln, *nachdem* sie ihre Doc Martens ausgezogen haben, und darauf zu bestehen, daß Ihr Sohn seine Yogi Bear Daunenjacke behält, bis sie völlig aufgetragen ist. Später können Sie es immer noch lockerer nehmen. Wenn es sich herumgesprochen hat, daß Sie nicht zu den Eltern gehören, mit denen man sich anlegen sollte.

Im großen und ganzen mag ich die Teenager anderer Leute. Zwei Punkte sprechen für sie: Erstens erfährt man von ihnen, was die eigenen Kids vorhaben, und zweitens lassen sie nur bei ihren eigenen Eltern so richtig die Sau raus. Bei Ihnen werden sie sich halbwegs benehmen. Locken Sie die jungen Leute mit Pizza. Ziehen Sie sie ins Vertrauen. Wenn Sie eine Teenager-Tochter haben, die Dummheiten machen will, dann sind ihre Freundinnen die ersten, die das wissen. Wenn Sie Ihre Karten richtig spielen, sind Sie die zweite.

Wenn Ihre Kinder noch klein sind und Sie mit Kindergartenplätzen, Hypothekenrückzahlungen, Beförderungen und der wütenden Frage jonglieren, wer das Toilettenpapier hätte besorgen sollen, dann freuen Sie sich auf den Tag, an dem Sie nicht mehr an so vielen Orten gleichzeitig sein müssen. Sie träumen davon, daß Ihre Kinder ganz allein von der Schule heimgehen können. Und manchmal träumen Sie sogar davon, nach einer strapaziösen Konferenz und einer kalten Busfahrt selbst heimzukommen und eine warme Küche vorzufinden, in der die Hausaufgaben auf dem Tisch liegen und das Abendessen im Ofen wartet. Träumen Sie ruhig weiter!

Am Schultor brauchen Ihre Teenager Sie vielleicht nicht mehr, aber es gibt noch Tausende von Orten, wo sie auf Sie warten – wenn auch wahrscheinlich mürrisch. Glauben Sie nur nicht, in dieser Zeit stünden Sie für Auslandsaufträge oder romantische Ferien zu zweit zur Verfügung. Sollte Ihnen dies jemals wieder in den Sinn kommen, müssen Sie es in die Zeit quetschen, wenn auch Ihr letzter Teenager daheim ausgezogen ist und Sie noch nicht als liebende, fürsorgliche Großeltern oder Pflegepersonal Ihrer eigenen siechen Eltern auftreten müssen.

Für Teenager müssen Sie stumm und unsichtbar, aber doch greifbar sein. Nicht so sehr wegen der alltäglichen Notwendigkeiten wie Essen und saubere Kleidung – wenngleich es geduldet wird, daß Sie dafür sorgen. Was Teens wirklich wollen, ist ein Bezugspunkt. Mit Ihrem wachsenden Taillenumfang und Ihren Flower-Power-Platten sind Sie ein Meilenstein auf dem Weg ihrer Selbstfindung. Sie sind die Mauer, gegen die sie treten und an die sie sich manchmal lehnen. Ohne Ihre schlabbrige Strickjacke würden ihre zerrissenen Jeans zur Bedeutungslosigkeit verkümmern. Sie sind eine mächtige, negative Quelle der Kreativität. Sie sind der Nullpunkt ihrer Entwicklung.

Ihre Teenager brauchen Sie aber auch, weil ihre Krisen sehr groß sein können. Sie müssen vielleicht Entscheidungen auf Leben und Tod treffen. Oder sie kommen mit dem Gesetz in Konflikt. Ihre Rolle als Drachentöter und als Mensch, der Probleme in Ordnung bringt, sollte an Bedeutung verlieren, wenn Ihre Kinder auf die Zwanzig zugehen. Dabei ist es jedoch ehernes Gesetz, daß ein Kind, das sein Moped zu Schrott fahren will, dies erst dann tut, wenn Sie gerade ein ruhiges Wochenende in den Bergen verbringen. Mit Kindern im Teenager-Alter erfahren Sie, wie es ist, wenn man langsam arbeitslos wird – bloß ohne die Freizeit und ohne den Scheck vom Staat.

Gibt es eigentlich überhaupt etwas, auf das man sich freuen kann? Gewiß doch. Solange Sie kein unheilbarer *Aufpasser* sind. Teenager führen ein abwechslungsreiches, kompliziertes Leben. Es ist sehr interessant, sie zu beobachten. Wenn es Ihnen Spaß gemacht hat, Ihrer Tochter ›Der Wind in den Weiden‹ vorzulesen, dann warten Sie mal, bis sie William Burroughs entdeckt. Wenn Sie es schon aufregend fanden zu sehen, wie es ihr gelang, ihre Schuhe zuzubinden, dann stellen Sie sich nur vor, wie sie Ihnen im Umgang mit Positronen und Quarks hilft! Und wenn Sie Ihrem Sohn früher die geschlagene Banane hineingeschaufelt und ihm geholfen haben, Weihnachtsplätzchen auszustechen, dann treten Sie jetzt staunend zurück, während er für sein Traummädchen ein großes Abendessen kocht.

»Was machen die Kinder?« Gegen diese Frage hatten Sie nichts einzuwenden, solange Sie Ihre Antwort auf Windpocken und Schwimmabzeichen beschränken konnten. Jetzt jedoch, wo Sie von nichts anderem als von lila Haar berichten können, fühlen Sie sich in die Enge getrieben. Die Kinder aller anderen Leute scheinen todsichere Kandidaten für Oxford oder Cambridge zu sein. Aber andere Eltern erzählen Ihnen nicht immer die Wahrheit, außer sie sehen ihre Kinder oft genug, um sie etwas näher zu kennen. Manche Familien machen verzweifelte Täuschungsversuche. Sie klammern sich an längst vergangene Träume wie Ertrinkende an einen Strohhalm und erklären: »Sam will immer noch Archäologie studieren. Aber erst mal braucht er ein, zwei Jahre, um sich diese Steelband aus dem Kopf zu schlagen.«

In Wahrheit sorgen alle Teenager in ihren Familien für Aufregung. Sogar die mit den perfekten Zähnen.

Alles verändert sich, Eltern wie Kinder, aber meist nicht im Gleichschritt. Es gibt kein Zurück. Ihnen bleibt nur die Chance, klüger zu sein. Und für gewöhnlich bekommen Sie, wenn alles überstanden ist, genau das, was Sie anfangs bestellt hatten – einen ganz eigenen Menschen, der nahe mit Ihnen verwandt ist, der vielleicht den Nobelpreis erhält, vielleicht aber auch eine schreckliche Person aus Islington heiratet, jemanden, der alles Mögliche sein und tun kann – und doch würden Sie ihm Ihr Leben anvertrauen.

Oder haben Sie vielleicht geglaubt, er würde *immer und ewig* mit sauber glänzendem Gesicht um acht Uhr abends im Bett liegen?

## Ein völlig normaler Teenager

*Kennzeichen des Teenagers*

Wenn Sie einen lauten, launischen Teenager haben, dann wird Ihr Leben sicher nicht dadurch angenehmer, daß Sie wissen, daß dieses Verhalten normal ist. Aber sicher beruhigt es Sie, wenn Sie wissen, daß nicht etwa ein folgenschwerer Fehler von Ihnen die Ursache ist. Die Entwicklungsprozesse, die ein Teenager körperlich und emotional durchläuft, sind unvermeidbar.

Es gibt keine Abkürzungen oder Wunderkuren, die Kinder im Alter von dreizehn bis zwanzig auf Eis legen. Was die psychische Entwicklung angeht, so scheinen die Probleme – vor allem für Ihr Kind – nur um so größer zu sein, je mehr Sie versuchen, die Entwicklung hinauszuzögern oder mit Ihrem eigenen Bild zu verschmelzen. Wenn Sie Ihrer Tochter nicht zur rechten Zeit erlauben, erwachsen zu werden, wird sie für den Rest ihres Lebens immer wieder neu rebellieren. Oder sie gibt auf. Aber weil sie spürt, daß man sich einem wesentlichen Schritt in ihrer Entwicklung in den Weg gestellt hat, wird sie chronisch wütend auf ihre Eltern und chronisch deprimiert über sich sein. Wir kennen doch alle jemanden, der heute viel gesünder wäre, wenn man nicht vor dreißig Jahren von ihm verlangt hätte, so verdammt perfekt zu sein.

Ein Teenager ist hin- und hergerissen zwischen der Kindheit mit dem schmerzlichen Bewußtsein der eigenen Abhängigkeit, und dem Erwachsenenalter, erfüllt von der Sehnsucht nach Unabhängigkeit von den Eltern und der Vergangenheit als Kind. Auch wenn man die Sturmflut der Sexualhormone einmal außer acht läßt, überrascht es nicht sonderlich, wenn die Kinder seelisch Achterbahn fahren.

Kennzeichen der Teenager-Launen sind lautstarke Überschwenglichkeit oder unheilverkündendes Schweigen. Befindet sich Ihre Tochter im Aufschwung, so platzt sie fast vor Energie. Sie muß Lärm machen und herumhantieren, ihre Musik muß lauter sein als laut, und sie muß ihre Stimme verstellen. Verstellte Stimmen sind ein ganz wesentlicher Teil der Teenager-Kultur. Dabei handelt es sich entweder um die Karikatur irgendwelcher unglücklicher Lehrer oder eigene Schöpfungen. Auf jeden Fall sind sie eine ausgesprochen wirksame Methode, die Eingeweihten von den Unwissenden zu trennen. Ganze Mahlzeiten können verstreichen, ohne daß ein einziges, verständliches Wort gesprochen wird. Und manchmal auch lange, teure Telefonate.

Ich weiß nicht, was Teenager gemacht haben, als es das Telefon noch nicht gab. Ich nehme an, Brieftauben flatterten in einer Wolke aus Staub und Federn hin und her, oder Pfeile, an denen Botschaften befestigt waren, flogen über den Dorfanger. Irgendwie muß es ihnen doch gelungen sein, in Kontakt zu bleiben. Heutzutage müssen sie sich nicht einmal mehr die Mühe machen zu wählen. Sie können den Apparat mit den Nummern ihrer besten Freunde programmieren. Wenn sie dann seit einer dreiviertel Stunde mit keiner Menschenseele mehr gesprochen haben, müssen sie nichts weiter tun, als aufs Knöpfchen zu drücken.

Telefongespräche von Teenagern sind wichtig, handeln aber nie von etwas Wichtigem. Es geht einfach nur darum, in Kontakt zu bleiben. Buschtrommeln hätten dieselbe Wirkung, aber zu einem Bruchteil der Kosten. Eltern sind immer wieder verblüfft, wenn ihre Tochter ans Telefon stürzt, um jemanden anzurufen, neben dem sie gerade im Schulbus gesessen hat. Was können die sich nur zu sagen haben? Nun, es sind Dinge wie:

»Was machst du gerade?«
»Nicht viel. Und du?«
»Nicht viel. Was hast du später vor?«
»Keine Ahnung. Und du?«
»Weiß nicht. Vielleicht ruf ich dich an.«

Variationen zu diesem Thema können Ihr Telefon stundenlang blockieren. Sie bekommen plötzlich Briefe von Freunden, die normalerweise keine Briefe schreiben, einfach, weil sie telefonisch nicht zu Ihnen durchdringen. Wenn Sie Ihre Telefonrechnung niedriger halten wollen, ohne dabei Ihre Tochter des Komforts und der Unterstützung zu berauben, dann sorgen Sie dafür, daß sie ihre Freundinnen einlädt, damit sie sich mit verstellten Stimmen unterhalten können.

Geht es abwärts, brauchen Teenager die Einsamkeit. Sie brauchen lange Stunden, in denen sie herumlungern, träumen und ins Leere starren können. Manchmal müssen sie vollkommen reglos unter ihrer Bettdecke liegen. Das treibt forsche, lebhafte Eltern auf die Palme. Warum macht sie keine Fahrradtour? Warum ordnet er seine Zeitschriften nicht chronologisch? Sie tun es nicht, weil sie tatsächlich Zeit brauchen, um nachzudenken und zu phantasieren. Einem Teenager eröffnen sich Hunderte aufregender und beängstigender Möglichkeiten. Sie können sie nicht alle ausprobieren, aber sie können mit dem Gedanken spielen. Sie können sich in einem Dutzend verschiedener Rollen sehen, ohne irgendein Risiko einzugehen. Und sie können Aspekten ihres Lebens entfliehen, unter denen sie leiden. Wie beispielsweise der Tatsache, daß ihre Eltern, die sie wirklich lieben, so furchtbar sind, daß man es nicht in Worte fassen kann.

Ein normaler Teenager benötigt also das Zusammengehörigkeitsgefühl, insbesondere zu einer Gruppe anderer Teenager, und das Gefühl des Losgelöstseins, vor allem von den Eltern. Er muß Dampf ablassen, spielen, streiten, und auf so viele lautstarke Arten wie nur möglich zeigen, daß er am Leben ist. Und er muß sich zurückziehen, in sein Zimmer oder in einen Bereich in seinem Innern, wohin ihm die Eltern niemals folgen können.

Die Eltern, die die ersten vierzehn Jahre seines Lebens damit verbracht haben, den Teenager auf die eine oder andere Art großzuziehen, wissen nicht mehr, was sie tun sollen. Wenn sie nörgeln, faucht er. Wenn sie zu »dicke Freunde« werden, rennt er davon. Er ist auf der Durchreise zwischen einem Leben, das die Eltern für ihr Kind gewählt haben, und einem Leben, das er selbst für sich wählen muß, auch auf die Gefahr hin, den Eltern das Herz zu brechen. Auch die befinden sich in einem Übergangsstadium. Waren sie bislang die Heger und Pfleger, so müssen sie jetzt zu respektvollen Zuschauern werden. Aber nach Jahren des Naseputzens und Knieverpflasterns ist es schwer, untätig daneben zu stehen. Eltern wollen fieberhaft immer etwas tun, vorzugsweise das Richtige. Sie müssen begreifen, daß es für Eltern während der normalen Entwicklung eines Teenagers richtig ist, ständig im Unrecht zu sein.

## Plötzlich, am letzten Donnerstag

*Die körperlichen Veränderungen*

Einst war Ihr Kind ein munteres, geschmeidiges kleines Geschöpf mit Grübchen, gewinnendem Lächeln und einer Haut, die zum Streicheln einlud. Dann kommt eines Nachts die böse Fee vorbei und macht sich ans Werk. Am Morgen ist alles in Bewegung. Füße, Hände, Nase, Kinn, Rumpf und Glieder, alles beginnt vor Ihren Augen zu wachsen. Aber nicht alles im selben Tempo. Unter der Haut explodieren Fett und Muskeln, und außen treten an die Stelle eines zart schimmernden Teints plötzlich Stoppeln und Poren, die Ihnen zuzwinkern. Plötzlich haben Sie kein Kind mehr, das sich auf Ihren Schoß setzt. Sie haben ein Kind, auf dessen Schoß *Sie* sich setzen können. Die Frage ist nur: Wollen Sie das?

Teenager verbringen viel Zeit vor dem Spiegel. Kein Wunder. Nichts sieht mehr richtig aus. Kein wichtiges Teil paßt mehr zum andern, und irgendwann stellt sich jeder Teenager die Frage, ob er nicht ins Gruselkabinett gehört.

Wenn ein Junge zum Mann wird, werden Brust und Schultern breiter, die Stimme wird tiefer, Muskeln und Körperbehaarung entwickeln sich. Doch ehe dieses Bild von Männlichkeit sichtbar wird, sehen Sie sich einem Kind mit riesigen Händen und Füßen gegenüber. Es sprengt seine Schuhe, seine Finger scheinen für sein Gehirn zu groß. Heranwachsende Jungs sind oft das Aus für das *Crown-Derby*-Sonntagsgeschirr.

Als nächstes versuchen seine Arme und Beine, Hände und Füße wieder einzuholen. Sie glauben, das würde die ästhetische Wirkung verbessern? Mitnichten! Der Rumpf hinkt in seiner Größe noch immer hinterher. Eine Weile sieht Ihr Sohn aus wie ein Weberknecht mit Adamsapfel. Jungen, die sich in der Wachstumsphase von Armen und Beinen befinden, sind mit den üblichen Sesseln und Sofas nicht kompatibel. Ihre Beine hängen bei allen normalen Möbeln im Haushalt über den Rand. Schuld sind nicht nur die Länge und die schlechte Koordination. Da ist noch etwas: Teenager sind rastlos!

Der Körper eines Teenagers ist entweder träge, katatonisch und hängt an einer eigenen Stereoanlage, oder aber er befindet sich in ständiger Bewegung. Er zappelt und fummelt ohne ersichtlichen Grund herum, und auf seine Affenarme üben besonders zarte Teile aus venezianischem Glas eine offenbar magnetische Anziehungskraft aus. Je mehr Platz man einem Jungen im Teenager-Alter einräumen kann, desto geringer der Flurschaden.

Natürlich gibt es auch Eltern, die dieses Problem nicht haben. Ihr Teenager wächst einfach nicht, und somit haben sie vielleicht ein ganz anderes Problem. Ein einzelner eher kleiner Teenager inmitten einer ganzen Horde von Giraffenhälsen kann sich sehr ausgeschlossen fühlen. Vielleicht kann er sich nicht einmal Gehör verschaffen. Teenager mit kleinen Eltern wissen von vornherein, daß sie keine einsachtzig groß werden. Sie mögen ihr Erbgut vielleicht verfluchen, aber da sie in der Umgebung von kleinen, aber durchaus funktionstüchtigen Erwachsenen groß geworden sind, wissen sie vielleicht auch, daß sie nicht zu einem Leben in Hoffnungslosigkeit verdammt sind. Ein Teenager jedoch, der vergeblich darauf hofft, größer zu werden, tut sich schwer. Auf die eine oder andere Art muß er kompensieren. Wenn er den Weg der Aufschneiderei und des Wichtigtuns einschlägt, wird er ein unangenehmer kleiner Gernegroß werden, mit dem man nur sehr schwer auskommen kann. Wenn Sie es schaffen, statt dessen seinen Sinn für Humor zu entwickeln, hat die Welt auf Jahre hinaus allen Grund, Ihnen dankbar zu sein.

Natürlich wachsen auch die Mädchen, und eine Zeitlang – so ungefähr mit zwölf, dreizehn – hängen sie die Jungen glatt ab. Sie wirken schon wie junge Damen, während die Jungs noch immer wie kleine Knirpse aussehen. Aber das einzige Wachstum, für das junge Mädchen sich interessieren, ist das ihrer Kurven. Dort, wo Jungen Muskeln entwickeln, entwickeln Mädchen Fett, und häufig mögen sie das Ergebnis überhaupt nicht. Manchen Mädchen gefällt das, was sie im Spiegel sehen, so wenig, daß dahinter alle anderen Sorgen verschwinden. Wenn dies passiert, wird ein Mädchen im besten Falle langweilig, im schlimmsten Fall kann es sich ins Unglück stürzen. Eines der schönsten Geschenke, das Eltern ihrer Tochter in diesem Alter machen können, ist das Bewußtsein, daß sie in Frieden mit ihrem Körper leben kann.

Der Angriff auf das Körperbild eines Mädchens fängt heute schon an, ehe es zehn Jahre alt wird. Standen früher in den Mädchenmagazinen noch Geschichten über Schulstreiche, so findet man dort heute Modereportagen und Bilder von Fotomodellen, die dünn sind wie Windhunde. Und in einem Alter, in dem sich die Mädchen früher über Volleyball und Lehrer unterhalten haben, und irgendwann auch mal über Jungen, reden sie heute über ihre Diät – und Jungen. Gewichtsabbau ist heute eines der auffälligsten Themen weiblicher Konversation. Und das nicht nur bei Teenagern. Ihre Mütter, Frauen, die alt genug sind, um es eigentlich besser zu wissen, reden wie besessen von ihrer Diät. Entweder wollen sie gerade mit einer neuen Diät anfangen, oder sie sind von Triumph erfüllt, weil es ihnen gelungen ist, zwei volle Wochen lang von nichts anderem als Grapefruit und Hüttenkäse zu existieren. Wir sehen uns heute mit einer Epidemie von Eßstörungen bei weiblichen Teenagern konfrontiert, und die sind zum Teil auf das alberne Verhalten ihrer Mütter zurückzuführen.

Es gibt nur eine einzige, befriedigende Diät für Leute, die gesund sind und genug Geld haben, und das ist eine Diät aus Abwechslung, Ausgewogenheit und Bescheidenheit. Kann man sie mit anderen teilen und wird das Essen zu einem sozialen und sinnlichen Vergnügen, um so besser. Ich persönlich würde am liebsten sämtliche Taschenkalorienzähler, Badezimmerwaagen und sogenannten Ersatznahrungsmittel aus allen Haushalten verbannen, in denen Kinder aufwachsen. Meistens sind es die Mütter, die einkaufen, kochen und Diät halten. Außerdem sind sie wichtige Rollenvorbilder. So sehr sich ein Mädchen auch von dem Bild seiner Mutter zu distanzieren versucht, sie weiß doch, daß sie eines Tages auch Mutter sein wird. Es ist schädlich und demoralisierend für die Tochter, wenn sie sieht, daß ihre Mutter ständig im Krieg mit ihrem eigenen Körper liegt.

Ein Mädchen wird für gewöhnlich magersüchtig, weil es weiß, daß ihm die Familie das abnimmt. Je größer die Rolle, welche die Diät im Leben einer Familie spielt, desto mehr Macht erhält eine Magersüchtige durch ihr Verhalten. Wenn Sie sich erst einmal auf den Kampf mit ihr eingelassen haben, ist es sehr schwierig, sich wieder daraus zu lösen.

Magersucht geht mit einem dramatischen Gewichtsverlust und einem verzerrten Selbstbild einher. So kann ein Mädchen 20 Prozent seines normalen Körpergewichts verloren haben und trotzdem immer noch behaupten, es wäre grauenhaft fett. Ihre Tochter stimmt Ihnen vielleicht zu, daß sie vernünftiger essen muß, aber gleichzeitig wird sie alles daran setzen, eben das nicht zu tun. Lügen und Heimlichkeiten werden zu Waffen ihrer Entschlossenheit, mager zu bleiben. Was mit dem simplen Wunsch angefangen hat, so auszusehen wie die Models in gewissen Frauenzeitschriften, kann zu einer Besessenheit führen, bei der es mehr um Kontrolle und Unabhängigkeit als um Körpergewicht geht. Bei der Bulimie führt dieselbe Besessenheit zu noch größerem Elend. Hier wechseln zwanghafte Freßorgien mit selbst herbeigeführtem Erbrechen und Abführen ab. Beides ist verzweifelter Ausdruck von Selbsthaß.

Es gibt keinen sicheren Schutz gegen diese Eßstörungen. Am besten ist es immer noch, wenn die Eltern dafür sorgen, daß es in ihrem Haus keinen Grund gibt, über das Essen zu streiten. In manchen Familien fängt der Kampf ums »richtige« Essen schon mit dem ersten Löffel Karottenbrei an. Ein »schöner sauberer Teller« wird mit Artigkeit gleichgesetzt. Das Spielen mit dem Essen gilt als Kapitalverbrechen. Und Richterin über all diese Normen ist die Frau, die das Zeug aus dem Supermarkt heimgeschleppt, die es geschält und kleingeschnippelt hat, die Frau, die am heißen Herd schuftet und sich ganz allgemein dafür aufopfert, daß andere was zu futtern haben. Die Mama.

Es ist *eine* Sache, dafür zu sorgen, daß eine Familie gut ernährt wird, und daran Spaß zu haben. Gäbe es keine Frauen, würden die meisten Familien von Spiegelei auf Brot und Schokoriegeln leben. Aber es ist etwas ganz anderes, wenn man seine Kochkünste einsetzt, um Liebe damit zu erpressen. So traurig es ist – manche Mütter tun genau das! Eine verpaßte Mahlzeit oder ein nicht mit Appetit geleerter Teller werden als persönliche Beleidigung angesehen. So werden die Mahlzeiten zu einer Prüfung von Liebe, Gehorsam und Dankbarkeit. Und so können sie zu einer Brutstätte des Hungerns und Saufens werden.

Manchmal entschließt ein Mädchen sich zur Diät, weil es ein wenig abnehmen will, oder auch nur, um der besten Freundin Gesellschaft zu leisten. Das wird nicht außer Kontrolle geraten, solange das Kind nicht etwas anderes im Kopf hat. Zum Beispiel, nicht erwachsen zu werden. Wenn man sich auf 35 kg herunterhungert und die Eierstöcke außer Betrieb setzt, ist das eine ziemlich wirksame Methode, kindlich zu bleiben.

Vorbeugen ist besser als Heilen. Am besten ist es für ein Mädchen immer noch, in einer Familie aufzuwachsen, in der zwar gern gegessen, das Essen aber nicht vergöttert wird. Außerdem mit Eltern, die ihr Gelegenheit geben, erwachsen zu werden, ihr aber auch erlauben, zu spielen und ein bißchen zu regredieren, wenn es das möchte. Es ist lästig, daß Fünfzehnjährige in der einen Minute wie Erwachsene und in der nächsten wie daumenlutschende Babies behandelt werden wollen und die Eltern nie wissen, in welcher Stimmung ihre Tochter gerade ist, bis sie wieder mal im falschen Ton mit ihr geredet haben. Aber so ist das nun mal! Es kann jedenfalls nicht schaden, wenn eine Teenager-Tochter eine Mutter hat, die sich in ihrer Haut wohl zu fühlen scheint, und wenn das eitle Vor-dem-Spiegel-Stehen und Taillenumfang-Vergleichen auf ein Minimum reduziert wird.

Eine unschuldige Bemerkung von Onkel Stan – »Mein Gott, du bist vielleicht groß geworden. Ich kann mich noch erinnern, wie du auf meinen Schultern gesessen und ›Hoppe Reiter‹ gesungen hast« –, mehr ist oft nicht nötig, damit ein Mädchen anfängt, seine neuen Formen zu hassen. Die Vorstellung einer Krankheit, die es ihr ermöglichen würde, Größe 34/36 zu tragen, erscheint dann überraschend reizvoll. Meine eigenen Töchter waren fasziniert von einer Freundin, die so drastisch abgenommen hatte, daß sie ins Krankenhaus mußte. Die ganze Clique sprach nur noch von ihr. Ich fühlte, daß ihre Rückschläge sie ebenso erregten wie ihre Fortschritte. Sie waren ausgesprochen gut informiert, was die Risiken für ihre künftige Gesundheit anging; sie besuchten sie, erkundigten sich häufig nach ihr und behandelten sie mit liebevoller Sorge, wenn sie einmal für einen Tag aus der Klinik herauskam. Aber ich bin sicher, daß sie bei einem Blick auf die eingefallenen Wangen und dünnen Beine meistens dachten, wie nett es wäre, selbst so auszusehen.

Viele Teenager finden es völlig abwegig, ihre Mahlzeiten durch irgendwelche Suppen oder Säfte zu ersetzen, die an den Eingeweiden festkleben und einem das Gefühl geben, satt zu sein. Diese Kinder ziehen das Echte vor, wie es Burger King, McDonald und der Bratwurstonkel anbieten, der seine Zwiebeln in altem Fett brät. Es ist natürlich viel angenehmer, sich Gedanken darüber zu machen, *was* ein Kind ißt, als darüber, was es *nicht* ißt. Trotzdem tut es weh. Wie kann irgendwer einen Doppelten Fett- & Knorpelburger Ihrem selbstgemachten Fischauflauf vorziehen?

Da ist es tröstlich, daß ein noch wachsender Teenager wahrscheinlich *beides* schafft, den Fischauflauf und den Burger, und beides am selben Abend. Zeitweise scheint sein Appetit unersättlich, und da er immer weniger Zeit daheim verbringt, verlieren Sie Ihren Einfluß darauf, was er ißt. Vielleicht füllen Sie daheim täglich die Obstschale auf und weigern sich, kiloweise Popcorn zu kaufen. Aber kaum tritt er aus Ihrer Tür, kaum klimpert ein bißchen Geld in seiner Tasche, kann er kaufen, was er wirklich gern möchte – Unmengen von Salz und Fett und eimerweise Zucker – und alles eingewickelt, damit man's unterwegs verputzen kann.

Sie können nicht kontrollieren, was Ihr Teenager ißt, wenn er nicht daheim ist. Je früher er lernt, seine eigenen Entscheidungen hinsichtlich seiner Gesundheit zu treffen, um so besser. Aber bleiben Sie zu Hause trotzdem bei Ihrer Linie! Lassen Sie ihn ruhig meckern, weil Sie ihm fast nie Pommes vorsetzen. Er wird schon essen, was Sie ihm anbieten, er hat nämlich Hunger. Und jedesmal, wenn er etwas Anständiges gegessen hat, statt mit einer Tüte Gummibärchen an der Bushaltestelle zu stehen, können Sie einen kleinen Punktsieg bei der Ernährung für sich verbuchen.

Es kann Jahre dauern, bis sich die Folgen schlechter Ernährung bemerkbar machen, und ein Fünfzehnjähriger kann sich nicht vorstellen, was es heißt, fünfundvierzig zu sein, an Angina pectoris zu leiden und künstliche Zähne zu haben. In meiner Familie sind die Worte »ein schöner, knackiger Apfel« zu einer Formel für meine spezielle Variante der Kindesmißhandlung geworden. Aber ich bin unbeugsam. Ich weiß, daß sie sich mit Cola und Pommes vollstopfen, wenn sie nicht bei mir sind, und sie sehen auch völlig gesund aus. Aber sie sind auch noch jung. Ihre Körper haben noch ein hartes Leben vor sich. Deshalb sage ich ihnen: »Nein, wir kaufen weder einen Siphon noch eine Mikrowelle. Halt den Mund und iß deinen Kohl. Ihr sollt euch um mich kümmern, wenn ich achtzig bin, und nicht die Radieschen von unten betrachten wegen eurer Arterienverkalkung.«

Es wäre schön, wenn man die Hand aufs Herz legen und seinem Teenager erzählen könnte, daß Pommes und Schokolade Pickel verursachen, Salat aber nicht. Aber das kann man nicht guten Gewissens. Pickel entstehen hauptsächlich durch die Sexualhormone – deshalb können auch graues Haar, eine beispielhafte Ernährung und ein pickeliges Kinn Hand in Hand gehen. Aber den Teenager, der in den Spiegel schaut und nichts anderes sieht als Pickel, Beulen und Krater (und ein ruiniertes Leben dazu), interessiert das alles wenig. Wie können Sie ihm helfen?

Dummerweise helfen liebevolle Worte fast gar

nichts. Wenn man vierzehn ist und einem scheinbar gerade eine zweite Nase wächst, dann scheint sich alle Welt nur darauf zu konzentrieren. Im Schulbus, hinter dem Fahrradschuppen, in den Plenarsitzungen des europäischen Parlaments ist von nichts anderem mehr die Rede. Da ist es kein Trost, wenn Mama sagt »Pickel? Ich kann keinen Pickel sehen. Und außerdem hast du ein reizendes Lächeln.« Das macht einen bloß wütend.

Wenn Sie helfen wollen, sollten Sie also zuerst einmal aufhören, so zu tun, als wäre alles in Ordnung. Erst dann können Sie zur Quelle nützlicher, praktischer Informationen werden. Es gibt eine Unmenge Leute, die glauben, man würde schon Pickel bekommen, wenn man einen Schokoladenriegel auch nur ansieht, oder wenn man schlechte Gedanken über Janice hegt, die im Zeitungsladen arbeitet. Es gibt Leute, die überzeugt sind, man würde Pickel bekommen, wenn man sich nicht dreimal täglich mit Desinfektionsmitteln schrubbt, oder wenn man im Erdkundeunterricht neben Zitty McLachlan sitzt. Als gut informierter und vernünftiger Erwachsener können Sie alle diese Befürchtungen beilegen.

Die einzige Diät, die etwas zu bewirken scheint, besteht darin, mehr Wasser zu trinken. Das einzige Hautpflegeprogramm, das sich zu befolgen lohnt, ist sehr sanft. Es gibt kein Heilmittel, das über Nacht wirkt. Es fällt sehr schwer, das hinzunehmen, wenn man sich gerade mit der Göttin der elften Klasse verabredet hat und dann feststellen muß, daß einem etwas von der Größe des Matterhorns aus dem Kragenrand wächst.

Pickel haben einen natürlichen Lebensrhythmus. Man kann sie nicht bei der Geburt ersticken. Statt loszustürzen und noch eine Wunderkur zu kaufen, sollte man lieber Zeit und Geld investieren, um das Ding zu tarnen und sich selbst abzulenken – ein Pulli mit einem höheren Kragen; etwas sorgfältig aufgetragener Abdeckpuder; eine Lektion in Selbstvertrauen. Einen Teenager, der sich zum Ausgehen eine Wollmütze über den Kopf gestülpt hat, davon zu überzeugen, daß es vor allem auf die Persönlichkeit ankommt, ist sicher nicht leicht – aber es ist allemal einen Versuch wert.

Seltsamerweise vernachlässigt der Teenager, der Stunden damit verbringt, sein Gesicht zu erforschen und zu reinigen, häufig den Rest seines Körpers. Stündlich sucht er nach neuen Mitessern, entdeckt die winzigsten Veränderungen an der verachteten Problemhaut. Aber mit seinen verschwitzten Achseln und den Schweißfüßen hat er keine Probleme. Offen gesagt, man sollte ihn aufklären.

Es handelt sich dabei übrigens um ein fast ausschließlich männliches Problem. Mädchen werden sich der Bedeutung der Körperhygiene bewußt, sobald sie ihre Periode bekommen. Eine der häufigsten Fragen der Mädchen lautet: »Merken die andern das, weil sie es riechen?« Jungs denken nicht darüber nach, wie sie riechen, bis sie mit einem Mädchen kuscheln wollen, und selbst dann nicht immer. Aber irgendwer muß ihnen klarmachen, daß die behaarte Achselhöhle eines Fünfzehnjährigen nicht dasselbe ist wie die rosige Stelle, die Sie beim Wickeln gekitzelt haben. Und niemand liebt einen Kerl, der sich nie das Gesicht wäscht. Zarte Andeutungen haben hier keinen Sinn. Es bringt auch nichts, wenn Sie ihm einen neuen Kulturbeutel kaufen. Wenn Sie es ihm nicht erzählen, tut es jemand anderes. Diese Peinlichkeit können Sie ihm ersparen. Sie sind seine Eltern. Einen Beliebtheitswettbewerb werden Sie ohnehin nicht gewinnen.

Die körperlichen Veränderungen eines Teenagers sind so tiefgreifend und emotional schwerwiegend, daß es an ein Wunder grenzt, wenn nicht alle Teenager neurotisch werden. Die meisten von ihnen überstehen den Sturm ganz gut und behalten ihre dunkelsten Ahnungen, größten Ängste und dümmsten Fragen – oder was sie dafür halten – für sich.

Warum habe ich als einzige Vierzehnjährige der Welt noch keine Periode? Ich bin ganz klar ein Junge – also warum bekomme ich einen Busen? Kann ein Tampon in mir verschwinden? Warum habe ich in Trigonometrie eine Erektion bekommen? Wachsen die Haare so nach, daß ich aussehe wie ein Gorilla, wenn ich mir die Beine rasiere? Warum ist die eine Brust größer als die andere? Warum ist Müller-Lüdenscheidts Pimmel länger als meiner? Und was ist normal?

Die Mädchen haben es meistens leichter, eine Antwort auf ihre brennenden Fragen zu finden. Die erste Menstruation ist ein so offensichtlich wichtiger Abschnitt in ihrem Leben, daß sie gar nicht umhin können, mit jemand darüber zu reden. Und weil sie anschließend zu begehrten Konsumentinnen von Hygieneartikeln werden, überschüttet man sie geradezu mit Prospekten, kostenlosen Mustern und medizinischen Gesprächsangeboten. Zum Zwecke der Aufklärung dürfen in manchen gemischten Schulen heute auch die Jungs zuhören. Dabei wollen die eigentlich nichts anderes als Broschüren, die ihre ersten Ejakulationen bejubeln. Sie wollen mehr wissen über Trockenübungen, feuchte Träume und klumpiges Sperma. Sie wollen alles wissen, was es über einen »Steifen« zu wissen gibt, und wenn sie das alles in einem handlichen Buch in ihrem Zimmer aufbewahren und nachlesen können, ohne daß irgendwer sieht, welche Seiten am häufigsten studiert werden – um so besser.

Manche Eltern machen über den Umbruch in der Entwicklung ihres Kindes bloß billige Witzchen. Stubenhocker mit Bierbäuchen, die niemandem etwas über körperliche Schönheit beibringen können, finden es durchaus akzeptabel, über den Flaum auf der Oberlippe ihres Sohnes zu spotten. Freundinnen, die man zufällig im Supermarkt trifft, wird brühwarm weitererzählt, daß Alison gerade ihren ersten BH bekommen hat. Kommt Simon in den Stimmbruch, wird das gleich im jährlichen Brief nach Australien berichtet. Und Leute, die vor Verlegenheit sterben würden, wenn sie andere über *ihre* Körpermaße reden hören, lassen sich keine Gelegenheit entgehen, um zu sagen: »Nun sieh dir bloß mal diese Füße an! Um dich umzuwerfen, ist schon ein Orkan nötig. Audrey, hast du gesehen, was dieser Kerl für große Füße hat? Und weißt du, was man von Männern mit großen Füßen sagt? Herrje, was hat er denn jetzt schon wieder? In letzter Zeit darf man einfach überhaupt nichts mehr zu ihm sagen!«

Wie lange ist es denn her, daß Ihre eigene Stimme drei Oktaven rauf- und runterhüpfte? Und Ihre Füße zu groß aussahen? Das kann doch noch nicht so lange her sein, daß Sie komplett vergessen haben, wie peinlich Ihnen das alles war, wie leicht Ihre Gefühle verletzt waren, wie Sie diesen taktlosen alten Kerl in Strickjacke und Latschen gehaßt haben, der es in die ganze Welt hinausposaunte, als Sie zum ersten Mal Rasierwasser benutzt haben. Also, warum halten Sie nicht einfach den Mund?

## Ein hübsches Sportjackett

*Teenager und Mode*

Es ist schon komisch. Die Generation, die Kragen, Krawatten und BHs abgeschafft hat, die ihre eigene Jugend in Miniröcken und indischen Flattergewändern durchlebt hat, macht sich doch heute tatsächlich Sorgen darüber, was ihre Teenager-Sprößlinge zu Omas und Opas Goldener Hochzeit anziehen sollen. Der jahrelange Umgang mit Bürovorschriften und Kleidung, die Bankangestellte und die Leute im Golf-Club beeindrucken sollte, hat uns gezähmt. Die meisten von uns haben eine Kehrtwendung gemacht und sind graziös in etwas Geschmackvolles und Unauffälliges geschlüpft. Das ist auch ganz in Ordnung so. Mittleres Alter, Pragmatismus und gut geschnittene, marineblaue Wollsachen passen durchaus zusammen. Aber einige von uns gehen einen Schritt weiter. Wir wollen auch unsere Teenager unbedingt daran hindern, sich durch das unüberlegte Tragen von *Iron-Maiden*-T-Shirts ihr Leben zu ruinieren.

Aber wenn man nicht einmal als Teenager bunt, bizarr oder herausfordernd aussehen darf, wann denn dann? Wahrscheinlich erst, wenn man so alt ist, daß man es nicht mehr nötig hat, einen guten Eindruck zu machen. Wenn man sich mit fünfzehn in einen hübschen Pullover und den passenden Rock dazu stecken läßt, muß man wahrscheinlich warten, bis man Rente bezieht, ehe man wieder etwas Gewagtes anziehen darf. Vielleicht müssen Sie vierzig Jahre damit verbringen, sich fürs Büro, fürs Abholen der Kinder am Schultor und dann wieder fürs Büro ordentlich anzuziehen. Ich finde, daß wir als Eltern Vergnügen an der Freiheit empfinden sollten, die sich unsere Kinder in bezug auf die Mode herausnehmen. Es gehört zu ihren erfrischendsten Eigenschaften in unserer langweiligen, konformistischen Welt.

Heute gibt es bei der Schöpfung von Teenager-Images zwei starke Trends. Einmal werden immer jüngere Kinder zur Zielgruppe von Modebotschaften aus der Erwachsenenwelt. Zum anderen erweitert sich unsere Vorstellung davon, was schön ist. Der erste Trend ist ein trauriger und zynischer Versuch, schon ganz junge Konsumenten einzufangen und süchtig zu machen. Der zweite aber ist ein willkommenes Zeichen von Selbstbewußtsein, Neugier und Toleranz.

In den fünfziger Jahren hatte man entweder einen stützenden Zauberkreuz-Büstenhalter und eine selbstgemachte Dauerwelle, oder man gehörte zu den bleichen Exzentrikern mit einem Hauch von Bohème. In den Sechzigern kam dann die Revolution. Wir setzten auf Komfort und Bequemlichkeit, und das Feuer, das wir damals entfachten, ist seither nie wieder ausgegangen. Heute tragen die Mädchen wieder Corsagen, aber so, daß sie gesehen und bewundert werden können, und nicht als schamhaft verschwiegene Kompressen für die Fülle um die Körpermitte. In erster Linie entscheiden sie sich jedoch für Kleider, in denen sie sich bewegen, und für Schuhe, in denen sie laufen können. Außerdem haben sie jedwede spießige Vorstellung davon, was wozu paßt, mit ihren Doc-Martens-Stiefeln niedergetrampelt.

Sie haben etwas herzerfrischend Zuversichtliches an sich, selbst wenn sie samstagnachmittags in den Billig-Boutiquen herumspuken. Sie putzen sich genauso gern heraus, wie sie andere herunterputzen, und ihr Geschick beim Recycling ist eindrucksvoll. Je abgewetzter etwas ist, je mehr Geschichte dahinter steckt, desto mehr lieben sie es. Meine Teenager haben sich alle voll als Mitglieder in einem Kleider-Tausch-Ring eingebracht. Nichts geht verloren.

Es gibt nichts, was so alt, abgenutzt oder häßlich ist, daß es nicht irgendwer für irgendwas brauchen könnte. Und sie sind alle wunderbar großzügig und freuen sich, wenn sie sehen, daß eine andere ihre lila Lycra-Leggins trägt.

Das Dumme an dieser fröhlichen Zurschaustellung der Jugend ist nur, daß manche Menschen sie nicht billigen und Vorurteile gegen jedermann haben, der drei Ohrringe oder Jeans mit Lüftungsschlitzen am Knie trägt. Teenager müssen wissen, was sie aufs Spiel setzen, wenn sie sich weigern, Zugeständnisse gegenüber Leuten zu machen, die über Jobs und Studienplätze verfügen. Vielleicht ist es ihr erster Zusammenstoß mit Engstirnigkeit und blödem Getue, aber bestimmt nicht ihr letzter. Als Eltern müssen wir sie davon überzeugen, daß es häufig das Klügste ist, sich dem System anzupassen, und daß man durchaus einen guten Eindruck machen kann (was immer das sein mag), ohne seiner Individualität gleich endgültig den Todesstoß zu versetzen. Aber mit sechzehn glauben viele eben doch, es wäre Prostitution, wenn man für ein halbstündiges Vorstellungsgespräch einmal saubere und gebügelte Sachen anziehen soll.

Mit ein paar Stunden Zeit läßt sich eine Jackett- oder Hosenkrise meist lösen. Die meisten Familien können durch Leihen, Umändern oder einen Eilkauf im nächstbesten Warenhaus zehn Minuten vor Ladenschluß noch etwas Passables herbeizaubern. Ich habe festgestellt, daß diese Methode weit erfolgreicher ist als der Versuch, immer etwas Passendes für einen Besuch im Buckingham Palace bereitzuhalten. Ich kenne Familien, die für ihre Teenager ein Lager aus Tweed-Jacketts unterhalten, um immer für eine mögliche Taufe, Hochzeit oder einen Besuch bei der Erbtante gerüstet zu sein. Pflichtbewußt werden die Stücke – häufig ungetragen! – ersetzt, sobald sie zu klein geworden sind. Mir scheint das eine entsetzliche Geldverschwendung, und ob man den gewünschten Zweck erreicht, ist höchst fraglich. Ein mürrisches Gesicht ist und bleibt mürrisch, selbst in einem gestärkten neuen Hemd und mit Krawatte. Und außerdem – was machen Sie mit der Tätowierung?

Als wir jung waren, haben wir die zivilisierte Welt mit unseren Hochfrisuren und weißem Lippenstift schockiert, aber am Ende des Tages konnte man das alles abwaschen. Die Teenager von heute kümmern sich viel weniger darum, wie sie morgen aussehen wollen. Vielleicht glauben sie noch weniger an morgen als wir damals. Dabei waren wir schon eine Generation, die hoffte zu sterben, ehe wir alt wurden. Wir drehten unsere Haare auf, um Locken zu kriegen, und bügelten die Locken glatt, wenn wir von Natur welche hatten, und wenn wir besonders mutig waren, ließen wir uns die Ohrläppchen durchstechen. So weit gingen wir. Nur leichte Mädchen, die auf Barhockern saßen, färbten sich die Haare. Und die einzigen Leute mit Tätowierungen waren Onkel, die zur See gefahren waren. Die Teenager von heute tun all das, und noch viel mehr!

Die Anzahl der getragenen Ohrringe ist von allergrößter Bedeutung. Zwei Ohrringe, einen in jedem Ohrläppchen, ist schüchtern und schon fast üblich. Ein einzelner Ohrring, wie ihn die Jungs lieben, kann eine modische Aussage sein, aber auch eine Anmache. Es ist nicht mehr ungewöhnlich, junge Geschäftsleute im Anzug mit einem Ohrring zu sehen. In Branchen, wo fetzige junge Manager und Senkrechtstarter ihre Spuren hinterlassen haben, ist das gang und gäbe. Aber nicht unbedingt in der achten Klasse der Cleckheaton-Gesamtschule. Ein Ohrring ist eine ausgezeichnete Möglichkeit für einen jungen Mann, seinen Vater zu ärgern, seiner Mutter das Herz zu brechen und von der Schule verwiesen zu werden. Manche Eltern sehen im Ohrring eine Beschmutzung des Familiennamens. Andere glauben, er könnte Zweifel an der sexuellen Orientierung ihres Sohnes wecken, weil er etwas Mädchenhaftes hat. Ich persönlich mache mir größere Sorgen darum, daß der Ohrring eines Jungen bei einem Rugby-Spiel herausgerissen werden könnte – und das Ohrläppchen gleich mit. Mehrere Ohrringe, drei, vier oder noch mehr Sicherheitsnadeln in der Wange oder sonst irgendwo künden von der ernsthaften Absicht des rituellen Verstümmelns. Das Nächste könnte ein Stecker in der Nase sein, oder echter Intimschmuck.

Löcher in den Ohren und Löcher in der Nase verheilen wieder recht gut, sobald man sie nicht mehr benutzt. Durchstochene und geschmückte Ohren und Nasen hindern keinen Teenager daran, später der Handelskammer beizutreten oder Anwalt zu werden. Das einzige Problem, kurzfristig gesehen, ist die Tatsache, daß die Löcher häufig selbstgemacht sind, ohne daß genügend Wert auf Hygiene gelegt wurde. Ein entzündetes Ohrläppchen ist schlimm. Ein entzündeter Nasenflügel ist noch schlimmer. Wenn man derartige Risiken dadurch vermeiden kann, daß die Löcher sanft, aber gründlich gereinigt werden und man nicht mit schmutzigen Fingernägeln daran herumfummelt, gibt es nur noch eins, was dagegen spricht, sich einen Ring durch die Nase ziehen zu lassen: die Witze der Strickjacken- und Hausschuhbrigade, die man aushalten muß. Aber zumindest ist der Ring genausowenig für immer wie eine Frisur.

Kinderhaar weckt alle Arten von Sentimentalität. Babylöckchen werden aufbewahrt und hochgeschätzt, und Tante Luise erzählt immer noch allen Leuten, was für hübsche Löckchen Sie gehabt haben, wenn nur noch drei Strähnen und eine glänzende Kuppel übrig sind. Wenn Teenager irgendwelche dramatischen Dinge mit ihren Haaren anstellen, kann das schrecklicher sein als jeder andere körperliche Beweis ihres Erwachsenwerdens. Als ich meine Tochter unerwartet mit kahlgeschorenem Kopf sah, wurde mir übel. Ich erlitt einen Schock. Für mich bedeutete ein kahler Kopf Krankheit, Gefängnis und Demütigung. Ich brauchte ein paar Tage, bis ich mich beruhigt hatte und entspannt bemerkte, welch exquisite Form ihr Kopf hatte. Da wuchs das Haar bereits wieder nach, und ich konnte den dünnen, samtigen Flaum ebenso genießen wie die Zuversicht eines Mädchens, das erkannt hatte, daß es auch ohne irgendwelche Zutaten schön ist.

Etwa um dieselbe Zeit ließ mein Teenie-Sohn sich die Haare wachsen und band sich einen Pferdeschwanz. Seine Schulleistungen litten darunter, daß er so viel Zeit und Kraft in den aussichtslosen Versuch investierte, die Leute davon zu überzeugen, daß er das gleiche Recht auf einen Pferdeschwanz hatte wie Mädchen. Auch sein Cricket-Spiel litt darunter. Nicht, weil die neue Frisur seinen Schwerpunkt verlagert hätte, sondern einfach deshalb, weil er nicht so oft aufgestellt wurde wie früher, als er noch eine maskulinere Frisur hatte. Als die Zeit reif war, wechselte er nicht nur seine Frisur, sondern auch den Verein.

Im Gegensatz zum Pferdeschwanz ist eine Tätowierung von Dauer. Zumindest ist es so schwierig, sie zu entfernen, daß es besser ist, sie für lebenslänglich zu halten. Trotzdem entwickeln sie sich immer mehr zu einem beliebten und scheinbar glamourösen Symbol der Auflehnung, besonders bei Mädchen. In den Illustrierten gibt es ganze Fotoserien, die zeigen, was sich berühmte Schönheiten haben tätowieren lassen – und wohin. Der bloße Gedanke daran weckt in den Herzen der Eltern Entsetzen, denn sie wissen, daß man mit dreißig nicht mehr an seine Teenagerzeit erinnert werden will, und schon gar nicht daran, daß man jemanden geliebt hat, der Gary hieß, oder daß man dachte, ein kleiner tätowierter Schmetterling würde einen interessant, weiblich und unerträglich hart aussehen lassen. In Läden, die Bühnen-Make-up verkaufen, kann man selbstklebende, abwaschbare Tätowierungen kaufen. Sie sollten für jeden Teenager welche kaufen, der bewundernd die Fotos von tätowierten Prominenten betrachtet.

Es liegt selten in der Absicht eines Teenagers, mit seiner Kleidung zu provozieren. Sie tragen einfach, was ihnen gefällt, und sind oft verblüfft über die Reaktion, die sie hervorrufen. Ein Teenager, der in einem ausgefransten Pullover beim Bürgermeister erscheint, um ihn für die Schülerzeitung zu befragen, will damit ebensowenig seine Mißachtung ausdrücken wie einer, der in Turnschuhen beim Gedenkgottesdienst auftaucht. Seine Vorstellungen von respektlosem Verhalten sind vage. Wahrscheinlich ist er sowieso der Meinung, daß sich jemand, der wirklich Respekt verdient, für die Kleidung der Menschen nicht interessiert. Normalerweise muß man nichts weiter tun, als seine Phantasie anzuregen und sein Verständnis für die eigenartig trivialen Dinge zu fördern, die ansonsten ganz vernünftige, normale Menschen beschäftigen können. Auf diese Weise spricht man seinen Sinn für Humor an *und* steckt ihn im selben Atemzug in ein Paar auf Hochglanz polierte Schuhe.

Nicht immer ist der Umgang mit provokativer Kleidung so einfach. Wenn sich ein Mädchen so zurechtmacht, wie es ihm gefällt, muß man es auffordern, darüber nachzudenken, was es vielleicht *sonst noch* damit signalisiert. Bei gleichaltrigen Jungen wird ihre sexuelle Einstellung zwar aufgrund ihres Verhaltens und nicht aufgrund ihrer Kleidung beurteilt. Die Jungs in diesem Alter halten es einfach für selbstverständlich, daß Mädchen kurze, hautenge Sachen tragen. Die Mädchen tun das nicht, um sie zu verführen.

Das müssen sie gar nicht. Die Jungs befinden sich ohnehin in einem Zustand permanenter Erregung. Die Gefahr kommt vielmehr von älteren, reiferen Männern.

Mädchen müssen begreifen, daß in der Gesellschaft noch immer die Vorstellung vorherrscht, Männer seien hilflose, explosive Sex-Maschinen, die ihren eigenen Körper niemals wirklich unter Kontrolle bekommen. Wird einem Mädchen bei einer sexuellen Belästigung oder Schlimmerem fahrlässiges Mitverschulden vorgeworfen, so weckt das eine Menge Verständnis, und nicht nur bei Männern. Eltern sollten alles tun, um den Selbstschutz-Instinkt einer Tochter zu wecken, ganz gleich, ob sie in Männern von Hormonen beherrschte Ungeheuer sehen oder menschliche Wesen, die wissen, daß man nicht alles anfassen darf, was man sieht. Vielleicht ist der Körper eines Mädchens noch recht kindlich und ihre eigene Freude daran beim Tanzen, Lachen und Herumalbern naiv und ganz unschuldig. Dummerweise finden manche Männer genau das äußerst aufregend. Wenn eine Tochter darauf besteht, sich so zu kleiden, wie es ihr gefällt, besteht die beste Vorsichtsmaßnahme darin, das innerhalb einer festen Gruppe zu tun – sich mit mindestens vier Freundinnen, besser noch mit einigen mehr zu umgeben. Wenn ein Verführer oder Vergewaltiger sie nicht isolieren kann, kann er nichts weiter tun, als sie ansehen.

Es gibt Kleidungsstücke, die einen Teenager sofort zum Angriffsziel feindlicher Teenager machen. Scharen von schwarzgekleideten *Goths*; Herden von *Ravers* in sackartiger Kleidung. Statt Sicherheit in der Gruppe besteht jetzt die Gefahr einer Feldschlacht. Aber dieses Problem ist so alt wie die Welt. Wahrscheinlich haben schon in prähistorischer Zeit die blauen *Waid Warriors* die *Wolfshäute* verdroschen. Und wenn ihre Eltern sie dann aufgefordert haben, die Farben etwas zu dämpfen, haben sie wahrscheinlich nur trotzig geschaut und noch eine Extraschicht Kriegsbemalung dazu aufgetragen.

Es gibt eine Zeit, da ist das Dazugehören für Teenager wichtiger als alles andere auf der Welt. Es ist leicht zu behaupten, man gehöre dazu. Aber erst, wenn man die Uniform trägt, wird es glaubhaft. Eltern, die allmorgendlich in Nadelstreifenkostümen und -anzügen lossausen, um pünktlich im Büro zu sein, dürften eigentlich keine Schwierigkeiten haben, das zu verstehen.

## Was der Frieden kostet

### *Teenager und Geld*

Geld ist der Schlüssel zur Unabhängigkeit. Die Frage ist nur: wieviel? Und woher nehmen und nicht stehlen? Ein Siebenjähriger kann seine Vorliebe für Comics und Süßigkeiten von seinem Taschengeld finanzieren, und mit dem Geld, das er zum Geburtstag und zu Weihnachten bekommt, kann er auch größere Sachen anschaffen. Außerdem hat er immer noch die Möglichkeit, seine Finanzen mit kleinen Jobs im Haus aufzubessern, für die er sich bezahlen läßt. Teenager leben in einer ganz anderen Welt.

Ein Teenager hat gesellschaftliche Verpflichtungen. Er muß sein Image wahren, Hobbys nachgehen, und schließlich ist da noch sein Liebesleben, in das investiert werden muß. Eine Karte fürs Kino oder Popkonzert kostet nicht wenig. Audio- und Videokassetten gelten ebenso wie Haargel als unbedingt erforderlich und nicht als Luxus. Und schlappe DM 200,- sind der übliche Preis für ein Paar Turnschuhe mit dem richtigen Label. So sehr wir es auch abstreiten und behaupten, es hätte mit uns nichts zu tun: Irgend jemand muß verantwortlich dafür sein, daß die jungen Leute unter solchen Konsumzwängen aufwachsen. So sehr wir auch die Nase rümpfen und unsere Mißbilligung zum Ausdruck bringen, das ist ihre Welt, und wir haben dazu beigetragen, sie zu schaffen. Wenn ein Teenager gezwungen ist, am Rand dieser Welt zu leben, einfach, weil er nicht genug Geld hat, dann geht es ihm schlecht.

Die Gefahren liegen auf der Hand. Die meisten Teenager sind gezwungen, ihr Taschengeld aufzubessern, auf ehrliche oder weniger ehrliche Weise. Meine eigenen Kinder haben sich Jobs gesucht, sobald sie vierzehn waren. Anfangs haben sie Zeitungen ausgetragen, dann Teilzeit-Jobs übernommen, entweder abends oder am Wochenende. Sie haben Tische abgeräumt, Geschirr gewaschen oder Briefumschläge etikettiert. Das war eine Möglichkeit. Ich kenne aber auch Teenager, die es vorgezogen haben, Autoradios zu klauen, oder die eine schnelle Mark machen wollten und Stoff verkauft haben. Ich kann verstehen, warum sie das tun. Diese Art des Geldverdienens ist eindeutig aufregender als das Auffegen von Haaren beim Friseur. Wenn man sie reden hört, könnte man meinen, daß sie sich für Robin Hood halten.

Ich habe auch ein paar Teenager gesehen, die ehrlich in der Klemme saßen, weil ihre Eltern prinzipiell dagegen sind, daß Kinder arbeiten, wenn sie lernen könnten. Manche brechen einfach aus, getrieben vom Geist des Kleinunternehmers. Die Ruhigeren finden sich damit ab, daß sie Geld nur tröpfchenweise kriegen (und das auch nur, wenn sie ihre Eltern überzeugt haben, daß sie etwas unbedingt brauchen). Mir tun sie leid. Es gibt kaum etwas Beschämenderes, als zu erklären, warum man 20 Mark für eine schwarze Leinentasche braucht, wo man doch schon eine hübsche Aktentasche aus Rindsleder hat, mit der man aussieht wie ein braver Buchhalter mittleren Alters.

Die Arbeit als Zeitungsjunge kann einen sehr vernünftigen, bescheidenen Kompromiß darstellen. Teenager bekommen dadurch ein Gefühl für Zuverlässigkeit und Routine, werden in die Arbeitswelt eingeführt und gewöhnen sich daran, Anweisungen von irrationalen, wirren Erwachsenen entgegenzunehmen, die sich wie Mussolini und nicht wie Pressegrossisten aufführen. Außerdem wird die Arbeit natürlich mit klingender Münze belohnt. Das einzige Problem ist die Sicherheit.

Viele von uns leben heute in der Nähe von Straßen und Hochhäusern, in denen Gewaltverbrechen häufig sind und wo einem nie einer hilft. An einem dunklen Wintermorgen kann es zur riskanten Beschäftigung werden, Zeitungen auszutragen. Meine Kinder, deren größtes Problem beim Austragen der Morgenzeitungen in der Innenstadt darin bestand, rechtzeitig aufzustehen, mußten immer eine Trillerpfeife mitnehmen, damit sie im Falle einer Gefahr Alarm schlagen konnten. Dahinter verbarg sich der Gedanke, den Angriff bereits mit dem Lärm abzuwehren, und nicht etwa die Vorstellung, tatsächlich Hilfe herbeizurufen – was heutzutage ohnehin sehr schwierig ist, selbst wenn man laut schreit. Eine andere Familie aus meinem Bekanntenkreis ging das Sicherheitsproblem sehr viel phantasievoller an. Ihr Sohn ließ sich auf seiner Runde von einem großen, böse dreinschauenden Hund begleiten. Der junge Mann wurde nie belästigt, und der Hund kam öfter raus.

Geld zu verdienen, ist ein Problem. Damit umzugehen, das zweite. Vielleicht ist eine Zweigstelle Ihrer Bank ganz in der Nähe. Aber höchstwahrscheinlich muß Ihr Kind an mindestens einem Plattenladen oder Hot-Dog-Stand vorbei, ehe es den sicheren Hafen der Ein- und Auszahlungen erreicht. Und Banken sind so sehr darauf erpicht, Teenager anzulocken, daß sie ihnen bereitwillig Karten für den Geldautomaten aushändigen, längst ehe sie ein regelmäßiges Einkommen haben. So ist es nicht einmal sonntagsabends schwierig, einen Big Mac und einen Schoko-Milch-Shake zu finanzieren.

Ein Teenager, der über genügend Selbstbeherrschung verfügt, um mit dieser Karte umzugehen, ist ein seltener Vogel. Die Bank läßt zwar nicht zu, daß er größere Schulden macht, aber sie macht die Schotten erst dicht, wenn er sein Konto leergeräumt hat. Ein Teenager braucht also wenigstens ein bißchen Führung, damit er einen Teil seines Bargelds so anlegt, daß er es nicht impulsiv ausgeben kann. Dann kann er mit dem Rest machen, was er will. Schließlich liegt der Sinn des eigenen Geldes darin, daß er es für persönliche Dinge ausgeben kann. Wenn Sie den Reiz einer Flasche Burgunder oder das Jahresabonnement von ›Meine Familie und ich‹ erklären sollten, würde Ihnen das wahrscheinlich genauso schwerfallen wie Ihrem Teenager die Erklärung, warum er lieber ein Poster von Freddy Mercury und eine Tüte voller Schokoriegel haben möchte, als irgendwas sonst.

Teenager brauchen immer so dringend Geld, daß sie zu Weihnachten und zum Geburtstag keine Päckchen mehr bekommen. Statt dessen bekommen sie knisternde Scheine, die im Rachen irgendeiner Ladenkasse auf der High Street verschwinden, sobald die Geschäfte wieder aufmachen. Ich finde das schade. *Etwas* Geld zu bekommen, ist bestimmt toll. Aber *nur* Geld zu bekommen, reduziert die Feier auf eine Auszahlung. Genauso gut könnten wir unserer lieben Angehörigen und ihrer Ehrentage gleich durch Daueraufträge gedenken. Ich verstehe ja, daß es bequem ist, einen Scheck an einen Neffen zu senden, den man zwar nie sieht, der aber nichtsdestoweniger entzückt sein wird, ihn zu bekommen. Trotzdem finde ich, daß Eltern und andere, in der Nähe Lebende die Tradition der Päckchen aufrechterhalten sollten, die Dinge enthalten, an die man im Traum nicht gedacht hätte (und natürlich immer auch Dinge, die höchstens in einen Alptraum gehören). Ein sorgfältig ausgesuchtes Geschenk gehört zu den wichtigen kreativen Extras, die dem Geldverdienen und -ausgeben erst die wahre Bedeutung verleihen.

Manche Eltern und ihre Teenager treffen eine andere Art finanzieller Abmachung. Sie setzen ein bestimmtes Budget fest, meistens ein Kleiderbudget. Das hört sich toll an, kann aber ausgesprochen fatal sein. Dahinter verbirgt sich der vernünftige Gedanke, daß der Teenager wahre Verantwortung in Gelddingen übernehmen muß, und zwar in einem Bereich, der ihn wirklich interessiert – bei der Kleidung. Ich habe das bei zweien meiner Teenager versucht, angefangen im Alter von vierzehn, und für ein ganzes, hartes Jahr durchgehalten. Einmal pro Woche überreichte ich ihnen das Kindergeld, das ich für sie erhalten hatte. Das waren damals ungefähr 15 bis 20 DM pro Woche, was auf einen Betrag von tausend Mark im Jahr hinausläuft. Soviel kann ich für meine Kleidung nicht ausgeben, aber ich bin ja schließlich auch kein im Wachstum begriffener, modebesessener Partybesucher. Mit dem Kleiderbudget mußte alles abgedeckt werden, außer der Schuluniform und einem Grundstock an Unterwäsche und Socken.

Meine Tochter machte mir Ehre. Sie kaufte sich eine Zeitlang überteuerte Fetzen und drückte uns Klamotten aufs Auge, die wirklich grauenhaft waren. Oft hatte sie einfach nichts anzuziehen. Und dann entdeckte sie die klassischen Pfade zu einer umfangreicheren Garderobe – selbstgeschneiderte Kleider, Billigläden und Secondhandshops. Nach einem Jahr flehte sie uns an, wieder zu dem alten System zurückzukehren, bei dem sie in jedem Frühjahr und Herbst von Mama oder Papa mit einem Scheckbuch begleitet und ausstaffiert wurde.

Mein Sohn ging mit seinem Kleidergeld ganz anders um. Er sah ohnehin schon aus wie ein vom Sturm gebeutelter Waisenknabe: zerlumpte Hosen, zerrissene T-Shirts, mottenzerfressene Strickjacken. Er beschloß, noch mindestens ein Jahr lang an diesem Image festzuhalten. Am Ende dieser Zeit hatte er zwar überhaupt keine Kleidung gekauft, aber sein Kleiderzuschuß war bis auf den letzten Pfennig für anderes draufgegangen: Schallplatten, Bücher, Haarspray, Pizza, Räucherstäbchen und andere Dinge. Er bat uns, es noch ein Jahr versuchen zu dürfen. Ich lehnte ab und entzog ihm den Zuschuß. Aber als ich dann das erste Mal mit ihm losziehen und ihm etwas Neues kaufen wollte, stieß ich komischerweise auf Widerstand. Es stellte sich heraus, daß es weniger daran lag, daß er nicht mit Geld umgehen konnte, als vielmehr daran, daß ihn Kleider einfach nicht interessierten.

Ich habe versucht, bei meinen Kindern ein Bewußtsein dafür zu schaffen, was Dinge kosten, aber das war nicht leicht. Telefonrechnungen interessierten sie nicht, aber dann ließ ich mir aufgeschlüsselte Rechnungen geben und beschränkte die Anzahl von Anrufen, die sie ohne Bezahlung machen durften. Ich habe sie zum Einkaufen in den Supermarkt mitgenommen. Aber ich habe feststellen müssen, daß sie eher sagen: »Darf ich noch eine Packung Kekse holen, wenn ich schnell mache?« oder: »Warum gibt es bei uns nie Roastbeef? Lisa bekommt jeden Sonntag Roastbeef«, als: »Herrje! Für fünfzig Mark kriegt man nicht gerade viel, was?« Mein Versprechen, ihre Fahrstunden zu bezahlen, bis sie die Prüfung bestanden, wurde dankbar vernommen und als gegeben hingenommen. Ein Scheck nach dem anderen wanderte in den Rachen der Fahrschule. Als sie dann später ausrechnen mußten, was die Haftpflichtversicherung für einen alten Käfer kostet, folgten spürbare Ernüchterung und das Zählen kleiner, brauner Münzen.

Mit Geld ist es wie mit allem anderen: der beste Lehrer ist das eigene Interesse.

## Wer alt genug ist, die Sachen fallen zu lassen, der ist auch alt genug, sie wieder aufzuheben

### *Teenager und Hausarbeit*

Ich weiß genau, was ich mit Hausarbeit meine. Und Sie wissen es auch. Nämlich all das, was getan werden muß, um eine gewisse Lebensqualität zu erhalten, angefangen von der Planung bis hin zum Schweiß der tatsächlichen Durchführung. Was getan wird und was nicht, wirkt sich auf jeden in der Familie aus. Trotzdem wird praktisch nie darüber gesprochen, was unbedingt nötig ist, was als Luxus gilt, und wer für was verantwortlich ist. Im Herzen der meisten modernen Haushalte steht eine Frau, die zuviel Arbeit und zuwenig Hilfe hat und die von einer Welt träumt, in der auch andere Leute merken, wann die Toilette geputzt werden muß.

Hausarbeit ist die Hölle. Sie hört nie auf, ist unbefriedigend, wird nicht bezahlt, und kein normaler Mensch würde sie tun, wenn es eine Möglichkeit gäbe, sie zu vermeiden. Was Mütter hierbei vom Rest der Welt unterscheidet, ist ihr Pflichtgefühl. Das ist es, was Frauen antreibt, die außerhalb ihrer vier Wände arbeiten, was ihre Zeit und Energie als Mutter, Freundin, Kind und Bürgerin in Anspruch nimmt. Frauen spüren, daß nur sie und ihr müder Körper zwischen einem zivilisierten Familienleben und schmutzstarrenden, stinkenden Wohnungen stehen.

Wo immer es eine Frau gibt, wird automatisch angenommen, Hausarbeit sei ihre Sache. Beruflich kann sie noch so weit aufsteigen – vielleicht wird sie Vorsitzende des Molkereiverbandes, oder Generalstaatsanwältin –, aber wenn sie nicht ständig rätseln will, wer mit dem Putzen des Küchenbodens an der Reihe ist, gibt es nur eines: Sie muß einen anständigen Lohn dafür zahlen, damit jemand es tut. Dabei schleppt sie das generationenschwere Wissen mit sich herum, daß es oft schneller geht, etwas selbst zu machen, als es jemandem beizubringen, der es nicht lernen will.

Manche Mütter bilden sich ein, der Widerstand ihrer Teenager würde dahinschmelzen, wenn sie selbst nur hartnäckig bleiben. Sie glauben, wenn ihr Sohn das Waschbecken zum vierten oder fünften Mal putzt, würde er plötzlich denken: »He! So schlimm ist das eigentlich gar nicht! In Zukunft spar ich Mama die Mühe, mich darum zu bitten, und mach es von selber.« Diese Frauen sind zu einem Leben voller Enttäuschungen verdammt.

Beharrlichkeit hat damit überhaupt nichts zu tun. Mit Teenagern ist es wie mit den meisten Männern: Jedesmal, wenn man mit ihnen über Hilfe im Haushalt verhandelt, fängt man wieder ganz von vorn an. Wenn Ihre Tochter vor drei Wochen die Treppe gesaugt hat, dann ist es höchst unwahrscheinlich, daß sie damit rechnet, es noch einmal tun zu müssen. Wahrscheinlich hat sie das ganze unschöne Ereignis aus ihrem Gedächtnis gestrichen. Vielleicht glaubt sie aber auch, wenn man die Treppe einmal geputzt hat, hält das ein Leben lang vor. Man muß Teenagern die Hausarbeit erklären, zuerst ganz allgemein – wie ungerecht es ist, daß ein Mensch den Bedürfnissen gesunder Faulpelze dient – und dann im besonderen, indem man beispielsweise sagt: »Der Abfalleimer quillt schon über. Würdest du ihn bitte ausleeren, bevor du gehst?« Leider scheinen viele Mütter zu glauben, ihre Kinder könnten Gedanken lesen.

Man muß klar und deutlich sagen, was man will. Wenn Sie auch nur ein winziges bißchen zögern, wird gleich angenommen, daß es wohl doch nicht so wichtig sei. Darüber hinaus ist es ratsam, seiner Aufforderung einen zeitlichen Rahmen zu geben. Wenn Sie einfach nur darum bitten, den Abfall auszuleeren, könnte Ihr Teenager denken: »Mülleimer müssen von Zeit zu Zeit geleert werden. Mama arbeitet hart. Papa arbeitet hart. Warum sollen die das immer machen? Also gut, eines schönen Tages werde ich mich mal gutwillig zeigen und den Eimer ausleeren. Was es wohl im Fernsehen gibt?« Und wenn Sie irgendwelche speziellen Anforderungen stellen, wenn es irgend etwas gibt, worauf man achten muß, dann müssen Sie das auch erklären. Schließlich wird niemand mit dem Wissen geboren, daß man Lambswool-Pullover nicht in die Kochwäsche gibt.

Als Mutter habe ich es mit demokratisch geführten Familienkonferenzen probiert; ich habe ein müdes oder eingeschnapptes Gesicht gemacht, habe geweint, geschrien und mit angehaltenem Atem auf dem Boden gelegen, und ich habe es mit dem Rotationsprinzip versucht. Das war am wenigsten erfolgreich.

Sechsjährige finden Rotation toll. Vor allem malen sie mit ihren Buntstiften gerne den Dienstplan. Dann halten sie sich eine Woche lang ganz streng daran. Und dann vergessen sie ihn. Teenager vergessen ihn gleich. Oder sie warten, bis Sie ihn zurechtgefummelt haben, wobei Sie versucht haben, allen Beteiligten gegenüber gerecht und fair zu sein. Und dann kommen sie mit allen möglichen Ausflüchten, die es ihnen unmöglich machen, am Samstag den Rasen zu mähen. Am besten erklären Sie, daß für bestimmte Aufgaben die ganze Familie zuständig ist, und wenn dann eine davon erledigt werden muß, sagen Sie jemandem, er sei jetzt an der Reihe.

Aufgaben ganz persönlicher Art haben in den Hausarbeitskämpfen nichts zu suchen. Jedes Kind, das älter als fünf ist, kann seine Schmutzwäsche herauslegen, seine saubere Wäsche einräumen, sein Bett machen und seinen Teller abräumen. Und das sollte es auch. Ein Teenager, der zehn Jahre lang seine Bettwäsche selbst gewechselt hat, wird nicht plötzlich erwarten, daß seine Mutter es für ihn tut. Vielleicht wechselt er die Laken nur noch dreimal im Jahr, aber das steht auf einem anderen Blatt. Das hat nichts mit dem Bereich gemeinsamer Verantwortung zu tun.

Die Umstände verändern sich, und damit auch die Arbeitsbelastung. Wenn jeder Teenager für das Waschen und Bügeln seiner Kleidung selbst verantwortlich ist, kann das leicht zu Verkehrsstaus am Bügelbrett und langen Schlangen vor der Waschmaschine führen. Aber wenn jeder Teenager gelernt hat, ein Zimmer zu putzen, Wäsche zu sortieren, die Maschine zu füllen und außerdem ein paar einfache Gerichte zu kochen, dann steht Ihnen damit ein ausgezeichnetes Hilfsteam zur Verfügung. Dann können Sie erklären: »Ich brauche einen freien Abend. Nicky, bitte sorge dafür, daß jeder für morgen ein frisches Hemd hat. Daniel, Hackbraten für drei Personen, bitte, sobald es dir paßt.« Und Sie können mehr oder weniger davon ausgehen, daß Sie auch kriegen, was Sie wollen.

Mehr oder weniger. Teenager lehnen einen Auftrag nur selten rundheraus ab. Wahrscheinlicher ist es, daß sie beschwichtigende Töne von sich geben und dann verschwinden, oder aber – wenn sie Taktiker sind – so unmögliche Arbeit leisten, daß man sie nie wieder um etwas bitten wird – glauben sie. Deshalb ist es so wichtig, daß man genau sagt, bis wann etwas erledigt sein muß, und daß man ihnen beim allerersten Mal zeigt, wie es getan werden muß. Es wirkt immer freundlicher und positiver, Anleitungen zu geben, als hinterher Fehler zu finden.

Wenn ein Teenager verspricht, etwas tun zu wollen, es dann aber nicht tut, ziehen Sie nur keine falschen Schlüsse daraus. Niemand will Ihnen ein frühes Grab schaufeln! Es gibt oft einen ganz einfachen, unschuldigen Grund dafür, daß Ihre Kinder das Geschirr nicht gespült haben. Vielleicht haben sie gedacht, Sie hätten gemeint: »Wasch das Geschirr ab, wenn es keinen sauberen Löffel mehr im ganzen Haus gibt.«

Ganz direkt um Hilfe zu bitten kommt für diejenigen von uns, die eine stoische Mutter hatten, einer Revolution gleich. Viele von uns haben in ihrer Kindheit erlebt, daß Frauen noch ihre Pflicht an Waschbrett und Wäschemangel erfüllten, als die Wehen schon im fortgeschrittenen Stadium waren. Damals war es Grund für übertriebene Dankbarkeit, wenn der Mann oder die Kinder ein paar Teller abtrockneten. Wir müssen uns heute an die Vorstellung gewöhnen, daß unsere Teenager tüchtige, gesunde Menschen sind, die durchaus in der Lage sind, Begriffe wie Fairneß und Teamwork zu verstehen. Wenn sie etwas nicht erledigen, was sie hätten tun sollen, müssen wir es ihnen sagen. Und wenn sie es dann getan haben, sollten wir danke sagen, genau wie bei jedem anderen, der eine Aufgabe gut erledigt hat. 50 Prozent der Probleme mit Teenagern und Hausarbeit sind ohnehin darauf zurückzuführen, daß sie Worte wie *klebrig*, *Putzlumpen* und *sofort* anders interpretieren als wir. Die anderen 50 Prozent liegen daran, daß wir eigentlich nicht glauben, daß sie es lernen können.

## 2,4 Kinder und andere Mythen

*Der Teenager und seine Familie*

Wenn wir an das Familienleben in den neunziger Jahren denken, dann erscheinen zwei mythologische Formen vor unserem geistigen Auge: zum einen die Klein- oder Kernfamilie – isoliert, höchst mobil und gestreßt, mit 2,4 Kindern, einem Vater mit Magengeschwür und einer Mutter, die Valium schluckt; zum anderen die Großfamilie: abgesichert, tief verwurzelt und auf ewig unterstützt, mit Tante Phyllis, die in der Küche Klöße dreht, und Opa, der ein Nickerchen unter dem Apfelbaum macht. So leben die meisten von uns allerdings nicht mehr.

Die meisten Haushalte mit Kindern im Teenager-Alter sind heute Ein-Eltern-Familien, oder sie werden aus früher zerfallenen Familien zusammengemischt. Das heißt, daß sie mit vielen Problemen der Kernfamilie konfrontiert werden, zu der wir alle zu gehören glaubten, und auch der Großfamilie, zu der wir gern gehören wollten, und mit noch einigen mehr. Da haben wir die Geldprobleme, die unbewältigten Trennungen und Verluste, Loyalitätsschwierigkeiten und den unterschwelligen Erwartungsdruck, daß die Anwesenden die Stelle der nicht Anwesenden ausfüllen sollen.

Wie auch immer die Familie sich zusammensetzt, die Geschäftsgrundlage zwischen Kindern und Eltern bleib dieselbe. Die Eltern wollen, daß es den Kindern GUT GEHT, und die Kinder wollen, daß die Eltern LOCKER LASSEN. Dabei ist die Position der Kinder nicht selten die realistischere. Eltern wollen immer, daß ihre Kinder auf eine Art und Weise glänzen, die unmöglich ist. Sie sollen gesünder, reicher und glücklicher sein und dem Familiennamen keine Schande machen. Das ist alles.

Wenn ein Elternteil fehlt oder wenn ein neuer Eindringling hinzukommt, steigt die Erwartungshaltung noch an. Wenn ein Elternteil nach der Scheidung von der Familie getrennt lebt, fordert er wahrscheinlich dauernd Beweise dafür, daß es ihm zumindest gelungen ist, ein paar brillante Kinder zu zeugen. Über dem Kummer der Vertreibung kann er aber sein Interesse an ihnen auch gänzlich verlieren. In beiden Fällen lastet der Druck auf den Kindern, die entweder wie gelähmt sind oder mit Hilfe von fairen Mitteln oder auch Tricks darum kämpfen, wenigstens etwas Aufmerksamkeit zu erringen. Betreten Stiefeltern die Bühne – gleichgültig, wie anständig, liebevoll und wohlgesonnen sie sind –, steigt der Druck weiter. Stiefeltern, die keine eigenen Kinder haben, müssen alles beweisen. Stiefeltern, die schon eigene Kinder haben, stehen zwischen zwei Feuern. Sie möchten, daß es die Stiefkinder gut machen, denn wenn ein wenig von ihrem Glanz auf sie abfärbt, kann das die Räder der neuen Partnerschaft schmieren, aber sie wollen auf keinen Fall, daß die Stiefkinder besser abschneiden als die eigenen, biologischen Kinder.

Das häufigste Problem von Vätern und ihren Teenagern ist die Unbeholfenheit. Söhne müssen ihre männlichen Kräfte erproben, und der Vater ist ein naheliegendes Ziel. Manche Söhne müssen mit ihren Vätern ringen. Andere müssen verbale Kämpfe ausfechten. Beides setzt jedoch voraus, daß der Vater zum Kampf bereit ist. Aber bei vielen Vätern mittleren Alters ist das eben nicht der Fall. Sie machen sich Sorgen wegen ihrer Karriere und ihres alternden Körpers. Sie wollen nichts weniger, als von einem jungen, strammen Burschen herausgefordert werden, und eine weit verbreitete Reaktion ist das Zuschlagen – so, wie ein schlechtgelaunter Löwe einem vorwitzigen Jungen einen Prankenhieb versetzt. Dadurch kann er den Knaben entweder für alle Zeiten niedermachen, oder aber er treibt ihn zu noch gewagteren rebellischen Taten. Keins von beiden ist sehr befriedigend.

Väter und Töchter müssen mit dem Problem der Kleinen Prinzessin fertig werden. Wenn sie nicht mehr ausschließlich mit Daddy flirten, sondern auch abscheulichen Kerlen mit schwellendem Schritt, aber gänzlich fehlenden Zukunftsaussichten schöne Augen zu machen beginnen, ist es für einen Vater schwer, ruhig zu bleiben. Dabei brauchen Mädchen vom Vater in erster Linie Anerkennung. Ihr Selbstvertrauen ist schwach. Ganz gleich, ob eine Tochter die Träume ihres Vaters erfüllt oder nicht, sie braucht die Bestätigung, daß sie klug *genug* und hübsch *genug* ist. Und sie muß wissen, daß Dads Rücken breit genug ist, um jeden arbeitsscheuen Lümmel mit fettigen Haaren zu ertragen, den sie sich als Partner aussucht.

Mütter spielen für gewöhnlich nicht den unerbittlichen Tyrannen. Sie spezialisieren sich lieber auf die unmerkliche Manipulation. Ist ein Sohn erst einmal größer und stärker als seine Mutter, ist Psychologie ihre beste Waffe. Eine offene, robuste Beziehung zwischen Mutter und Sohn kann für ihn äußerst wertvoll sein, weil sie das Bild prägt, das er sich von Frauen macht. Sie kann den Ausschlag geben, ob er in Frauen Menschen oder Fußabstreifer sieht. Aber es ist auch gefährlich. Wenn die Vaterrolle nicht ausgefüllt wird, weil der Vater nicht da ist oder die Mutter deutlich macht, daß er nicht gebraucht wird, kommt es vor, daß ein junger Mann schnell die freie Stelle besetzt und den großen Macker spielt. Hat er das erst einmal angefangen, wird es sehr schwierig für ihn, sich weiterzuentwickeln und zum Helden in seinem eigenen Leben zu werden. Die Mutter ermutigt ihn vielleicht auch nicht so sehr, weil ihr die Situation durchaus gefällt. So werden dann Muttersöhnchen erzogen.

Mütter und Töchter müssen eine ganz besondere

Erfahrung machen. Sie entfernen sich voneinander, während sie einander gleichzeitig immer ähnlicher werden. Mütter tragen unweigerlich einen größeren Teil zur Erziehung bei. Aber kleine Jungs erkennen schon früh, daß sie Mama verlassen und etwas ganz anderes werden müssen, auch wenn sie ihre Mutter noch so sehr lieben. Kleine Mädchen hingegen wissen, daß sie zwar irgendwann erwachsen sein werden, daß sie vielleicht auch anders werden und alles mögliche erreichen können, was ihre Mütter nicht erreicht haben. Aber sie wissen auch, daß sie genauso werden können wie sie. Wenn eine Mutter ihre Tochter anschaut, sieht sie eine Vergangenheit, die sie vielleicht mit Wehmut betrachtet, und eine Zukunft, in der sie nie wirklich Platz haben wird. Wenn die Tochter die Mutter anschaut, sieht sie ihr Schicksal, schon lange ehe sie bereit ist, dieses Schicksal zu akzeptieren. Darum geht es meistens, wenn geschrien und aufgestampft wird oder wenn Herzen brechen.

Und dann sind da noch Brüder und Schwestern. Sie kennen die empfindlichen Punkte besser als alle anderen. Manchmal wird im Streit zwischen Geschwistern im Teenageralter nur das alte Spielchen »Stimmt nicht. Stimmt doch!« fortgesetzt. Ringkämpfe und sadistische Spötteleien gelten bei den meisten Teenagern als völlig legal, und die Auswirkungen – Krach, Tränen und Blut – beunruhigen die Eltern mehr als die Kinder. Aber es kann auch ernstere Probleme geben.

Ein jüngerer Bruder oder eine Schwester, denen die Leiden der Pubertät noch fremd sind, können einen sensiblen Teenager verletzen oder in Verlegenheit stürzen, ganz besonders vor wichtigen Gästen. Kleine Biester, die lauthals verkünden, daß Tracey in ihren Mathelehrer verliebt ist oder daß Stephen Schamhaare wachsen, sollten einen Reißverschluß vor dem Mund haben. Ein Kind, das alt genug ist, um die persönlichsten Dinge zu verbreiten, ist auch alt genug, um die Privatsphäre anderer zu respektieren. Selbst wenn's schwerfällt.

Manchmal spielt sich ein Teenager, der mehr Aufmerksamkeit braucht, als ihm zuteil wird, auf Kosten aller anderen auf. Eltern, die mit einem wirklich schwierigen Teenager geschlagen sind, merken oft gar nicht, was das ihren anderen Kindern abverlangt. Ich habe Brüder und Schwestern gesehen, die vor lauter Sorge um ihre Geschwister schlaflose Nächte verbrachten. Andererseits habe ich aus derselben Ecke auch schon sehr vernünftige, phantasievolle Vorschläge erhalten, was man tun sollte. Zum Beispiel: »Rauswerfen. Aber erst nach Weihnachten.« Wenn eins Ihrer Kinder Sie wahnsinnig macht, verlieren Sie leicht den Überblick. Ein paar Worte von jemandem aus Ihrer Familie, der weniger damit zu tun hat, bringen Sie dann schnell auf den Teppich zurück.

Wenn man jemanden von einer »Problemfamilie« sprechen hört, sieht man immer eine Reihe von Minderjährigen vor sich, die ständig die Schule schwänzen, straffällig werden oder womöglich gar schwanger. In Wirklichkeit kommen aus Problemfamilien oft sehr nette Kinder. Sie müssen mit Scheidung, Arbeitslosigkeit, Mißbrauch, Geschlechterkrieg, Identitätskrisen und dem Fehlen irgendeiner glaubwürdigen Autoritätsperson fertig werden, und trotzdem möchten sie einen Schulabschluß schaffen, reine Haut haben und ein Liebesleben dazu. Sie leisten schon viel, wenn sie das nach all ihren Erfahrungen schaffen, ohne völlig zusammenzubrechen.

Die Scheidung der Eltern bedeutet für Teenager einen schweren Schlag. Trotzdem muß sie nicht so unbedingt schädlich sein, wie wir immer glauben. In vielen Fällen kann die Trennung oder Scheidung der Eltern bei aller Traurigkeit sogar auch Erleichterung hervorrufen. Die vorhergehenden Kämpfe und die darauf folgende mögliche Verbindung mit einem neuen Partner können viel schwieriger zu bewältigen sein, nicht zuletzt deshalb, weil die meisten Eltern so tun, als wüßten ihre Kinder überhaupt nicht, was vorgeht.

Manche Eltern geben sich große Mühe, sich nicht vor ihren Kindern zu streiten. Statt dessen tun sie es mit zusammengebissenen Zähnen und hinter verschlossenen Türen. Das vergrößert die Sorgen der Kinder nur noch. Auch wenn es Angst macht, wenn Eltern sich anbrüllen und mit Porzellan werfen – noch schlimmer ist es zu wissen, daß sie in aller Stille dein Leben demontieren. Im Grunde ziehen Kinder es vor, daß ihre Eltern zusammenbleiben, selbst wenn diese eigentlich mit einem Hinweis herumlaufen sollten, daß sie anderer Leute Gesundheit gefährden. Wenn ein Zusammenbleiben nicht in Frage kommt, dann wollen sie wenigstens informiert werden – nicht darüber, daß Mama oder Papa sich als ein widerliches Stück Dreck entpuppt haben, sondern darüber, wie sich all das für sie selbst auswirken wird. Normalerweise hoffen sie, daß sie von beiden Eltern geliebt und umhegt werden, daß sie mit dem Elternteil in Verbindung bleiben dürfen, der fortgeht, und daß ihnen größere Veränderungen wie beispielsweise ein Schulwechsel erspart bleiben.

Sie geben die Hoffnung nicht auf. Im Namen der Versöhnung leisten Teenager eine ganze Menge. Ihre Lieblingstechnik besteht darin, Terror zu machen. Die Methode basiert auf der Annahme, daß man den entfremdeten Eltern nur ein Problem vorzulegen hat, das zu groß ist, um von einem von ihnen allein gelöst zu werden. Dann sind sie nämlich gezwungen, zusammenzuarbeiten, und wenn sie oft genug zusammen gegessen haben, während sie versuchen, ihrem Kind zu helfen, erblüht vielleicht die Liebe neu. Leider, leider funktioniert das fast nie. Genausowenig hilft es, die Eltern gegeneinander auszuspielen, von einem zum anderen zu hüpfen und Geschichten über Geiz und Großzügigkeit, Freundlichkeit und Grausamkeit, ständigen Parties und dem Leben eines Trappistenmönchs zu erzählen. Wenn Teenager anfangen, Geschichten zu erzählen und die Tatsachen auszuschmücken, dann ist das ein Zeichen dafür, wie verzweifelt sie sich danach sehnen, daß ihre ursprüngliche Familie wieder zusammen und glücklich ist. Wenn dann ein Elternteil einen neuen Partner findet, brechen diese Hoffnungen zusammen.

Stiefeltern, die sich eines Teenagers annehmen, haben eine harte Zeit vor sich. Zum einen kann der abwesende Elternteil auf einem seidenummäntelten Marmorpodest stehen. Es kommt häufig vor, daß Teenager ihre Füße entscheiden lassen, sobald sie sechzehn sind, und sich entschließen, von dem Elternteil fortzuziehen, der bislang für sie gesorgt und über sie gewacht hat, und bei dem anderen Elternteil einziehen, der höchstens alle zwei Wochen einmal mit ihnen zum Eislaufen gegangen ist. Die bevorstehende Ankunft einer Stiefmutter oder eines Stiefvaters kann diesen Prozeß noch beschleunigen, und es werden schon frühzeitig Pläne geschmiedet, so früh wie möglich bei dem abwesenden Elternteil einzuziehen. Für einen eifrigen Stiefvater kann das eine Zurechtweisung und Verletzung bedeuten. Aber für den Elternteil, der jahrelang all die Arbeit hatte, kann es ein verheerender Schlag sein, und für den Elternteil, der sich daran gewöhnt hat, aus der Ferne angebetet zu werden, kann es... äh... etwas unbequem werden.

Einelternfamilien mit Kindern im Teenageralter entwickeln Routine und Verhaltensweisen, die allen angenehm sind. Wenn der Elternteil stark ist und eindeutig als Haushaltsvorstand anerkannt wird, läuft das meistens sehr gut, vor allem ohne den Konflikt zwischen zwei Partnern, die grundverschiedene Vorstellungen über Disziplin haben. Und wenn alles gut läuft, will ein Teenager alles andere lieber als einen heißen Lover des verbliebenen Elternteils, der mit seinen Wagner-CDs und seinen Theorien über die Gefahren enger Jeans und die Vorzüge des Wehrdienstes einzieht. Außerdem kann es nur eines bedeuten, wenn ein Lover einzieht – daß der vorhandene Elternteil ein aktives Sexualleben hat. Eine für Teenager verwirrende, lächerliche und oft auch abstoßende Vorstellung.

Natürlich werden Menschen mittleren Alters und ihr Verhalten neuerdings mit anderen Augen gesehen. Das ist nicht nur eine Wunschvorstellung derjenigen, die jetzt in die Jahre kommen. Als wir noch Kinder waren, hatte das »Mittelalter« einen negativen Beigeschmack, sowohl für diejenigen, die ihm angehörten, als auch für die, die es von unten sahen. Die Väter stagnierten. Sie hatten zwanzig Jahre lang für dieselbe Firma gearbeitet und mußten nur noch weitere zwanzig Jahre hinter sich bringen, bis sie ihre goldene Uhr kriegten. Die Mütter fanden sich damit ab, daß sich das Nest leerte und die Schrecken der Wechseljahre heraufzogen. Wenn die Kinder erwachsen waren, blieben die Eltern durchaus noch aktiv, aber dabei ging es hauptsächlich um ihren Wohnwagen oder um die Murkserei im Gewächshaus, aber ihr Sexualleben, das sie natürlich fortsetzten, blieb zum Glück unsichtbar. Die Teenager von heute müssen mit Eltern leben, die geradezu stolz darauf sind, daß sie den Höhepunkt ihres Lebens erreicht haben.

Auf den ersten Blick sind die Eltern mittleren Alters heute gesünder und viel agiler als früher. Sie hatten Gelegenheit, mehr vom Leben und seiner Vielfalt zu kosten, haben größere Hoffnungen und Pläne, und einige von ihnen haben auch ein Facelifting machen lassen. Außerdem sind sie nicht so fest verwurzelt. Sie mußten ihre Firma mindestens einmal wechseln, mußten mindestens einmal umziehen und haben vielleicht auch den Partner gewechselt. Heute ist es nicht ungewöhnlich, wenn ein Teenager eine Mutter hat, die studiert, oder einen Vater, der sich mit Mädchen trifft, die halb so alt sind wie er, und kurz davor steht, seinen Job zu verlieren. Genausowenig ist es ungewöhnlich, einen Vater zu haben, der sich selbst mit Hilfe von Hypnose und einer Flasche Scotch zu finden versucht, oder eine Mutter, die den ganzen Tag im Morgenmantel herumläuft und bei der *Springfield-Story* auch noch die Wiederholung anschaut.

Die Teenager von heute sehen sich sehr widersprüchlichen Botschaften gegenüber. Die frühere Sicherheit bezüglich der Rollen von Mann und Frau ist dahin; an ihre Stelle ist Verwirrung getreten, mit einem Anflug von Zorn. Eine Familie, die sich dem Neuen zugewandt hat und ihren Pfad mit Alternativen pflastert – Karriere *und* Mutterschaft, Vaterschaft *und* Karriere –, sieht nicht immer sehr attraktiv aus. Hinter den schönen Worten verbergen sich manchmal, oder oft, eine erschöpfte, desillusionierte Frau und ein verwirrter, gekränkter Mann. Die Einzelheiten werden einen Teenager vielleicht gar nicht so interessieren, aber er wird schnell dahinterkommen, daß seine kluge, tüchtige Mama stocksauer ist, daß der politisch korrekte, sanfte Papa bereit ist, einen kaltblütigen Mord zu begehen, und daß trotzdem nach wie vor niemand daran gedacht hat, Milch einzukaufen.

Eltern bilden sich oft ein, je verrückter sie seien, desto besser würde das ihren Kindern gefallen. Sie glauben, ihren Kindern würde es Spaß machen, wenn sich ihr Vater wie Elvis anzieht. Aber da irren sie sich. Teenager sind ziemlich konservativ und sehnen sich nach Stabilität. Wann und ob verrücktes Betragen gefragt ist, entscheiden sie, und dann sorgen sie auch selbst dafür. Sie hätten lieber eine Mutter, die das Abendessen kocht, als eine geistesabwesende Gestalt, die ihre Bilder für die erste Einzelausstellung zusammenstellt. Wenn sie beides unter einen Hut bringen kann, schön und gut. Aber wenn nicht, dann ist den Kindern das Abendessen wichtiger.

Teenager mögen keine Eltern, die die ganze Nacht über fortbleiben oder die Freunde zum Essen und Trinken einladen, über die Zukunft der Monarchie diskutieren und bis in die frühen Morgenstunden ständig die Toilettenspülung betätigen.

Sie mögen Eltern, die nett, aber unauffällig aussehen. Eltern, die aussehen, als könnten sie selbst auf sich aufpassen, Eltern, die *im bescheidenen Rahmen* Erfolg haben. Sie wollen nicht, daß Sie eine Reihe von Liebhabern haben, die in Ihr Bett hüpfen und Witze über Kondome reißen. Sie wollen nichts in der Zeitung über Sie lesen. Und wenn sie nach der Schule heimkommen, wollen sie vor allem keinen Zettel finden, auf dem steht: »Bin nach Jamaika. Geld ist hinter der Uhr.«

Natürlich ist das, was sie wollen, und das, was sie bekommen, nicht unbedingt dasselbe. Zu den schwierigsten Aufgaben der Eltern gehört es, den Schwerpunkt ihres Lebens allmählich von den einstmals abhängigen Kindern fort und zu sich selbst zurück zu verlagern. Das bedeutet vielleicht, daß man unzuverlässig ist, oder sogar unverschämt – beides ausgezeichnet, wenn man ältere Teenager hat. Dieser Prozeß des Loslassens *und* Festhaltens kann bedeuten, daß man die Gußform der perfekten Elternschaft zerbricht. Und das sollte ein Vergnügen sein, keine Qual.

# Die schönste Zeit Ihres Lebens

## *Teenager und die Schule*

Es gibt viele Eltern von Teenagern, die glauben, daß bezüglich der Ausbildung eine strenge Hand nötig ist. Sie wollen nur das Beste für ihre Kinder, und das Beste ist das, was sie selbst dafür halten. Schließlich können sie sich noch an ihre eigene Schulzeit erinnern, als wäre es erst gestern gewesen, und sie werden nicht zulassen, daß ihre Kinder dieselben Fehler machen wie sie. Diese Einstellung ist ausgesprochen gefährlich.

Dreißig Jahre sind vergangen, seit die Eltern in der Schule waren. Die Welt hat sich verändert. Die Erinnerungen eines Menschen, der in den sechziger Jahren aufgewachsen ist, mögen ja durchaus von folkloristischem Interesse sein, sind aber auf keinen Fall von Bedeutung für Teenager, die sich mit wachsender Arbeitslosigkeit, Umweltzerstörung und Läden konfrontiert sehen, die unter Konsumgütern ersticken, ohne die zu leben sie sich nicht leisten können, für die sie aber auf der anderen Seite kein Geld haben.

Die alten Wege, die wir so zuversichtlich einschlagen konnten – Schule, Universität, Lehre, unten anfangen, langsam hocharbeiten – sind jetzt übersät von Fußangeln und Sackgassen. Dumme Menschen mit aufgeblähten Titeln besetzen hochbezahlte Positionen ohne erkennbare Aufgaben, wertvolle Wissenschaftler müssen nach Amerika auswandern, um sich ihren Lebensunterhalt zu verdienen, und Maschinen machen Arbeitsplätze schneller überflüssig, als irgendwer sie schaffen kann. Wenn Sie einem Teenager erzählen, er müsse nur fleißig studieren, dann würde er eine gute Stelle und ein Dach über dem Kopf bekommen und alle hätten eine gute Meinung von ihm, dann fordern Sie hiermit bereits auf drei verschiedene Arten seinen Spott heraus.

In England sind Kinder bis zum Alter von sechzehn Jahren schulpflichtig, und es stehen immer weniger Geld und Lehrer zur Verfügung, um widerstrebende Teenager ins Klassenzimmer zurückzutreiben. Deshalb bleiben von denen, die einmal die Schule verlassen haben, auch immer mehr draußen. Andererseits wird auf jeden, der auch nur die geringste Neigung zur Bildung erkennen läßt, Druck ausgeübt, um ihn so lange wie möglich in der Schule und damit aus der Arbeitslosenstatistik herauszuhalten. Viele der Teenager, die nach ihrem sechzehnten Geburtstag noch in der Schule sind, sitzen dort, weil es warm ist oder weil sie die Lücken schließen wollen, die nach elf Jahren Ganztagsschule noch immer klaffen. Sie lernen zum Beispiel, wie man einen offiziellen Brief schreibt oder einen Fragebogen vom Sozialamt ausfüllt.

Einige Kinder – bitte, lieber Gott, segne jede Familie mit wenigstens einem davon! –, einige Kinder wissen genau, was sie mit ihrem Leben anfangen wollen, und sie haben auch den Charakter und die Fähigkeit, um das in die Tat umzusetzen. Aber es gibt auch Kinder, die über Nacht zum Hollywood-Star werden oder ihren Lebensunterhalt mit dem Sammeln von ungewöhnlichen Bleistiftspitzern verdienen wollen. Die werden am Ende vielleicht Beamte oder Verkäufer oder sonst irgend etwas, was Leuten eben so zustößt, ohne daß sie es lange geplant haben. Die rudimentären Kenntnisse von Literatur, Kunst und Musik, die sie zufällig in der Schule aufgeschnappt haben, spielen dann vielleicht eine wichtige Rolle für die Qualität des Erwachsenenlebens. Eltern, die krampfhaft an der Vorstellung festhalten, ihre Kinder wenigstens auf die Universität zu schicken, sollten das bedenken, wenn sich herausstellt, daß sie es möglicherweise mit einem potentiellen Buchhalter zu tun haben.

Spätestens wenn die wesentlichen Entscheidungen getroffen werden müssen, sollten Eltern aufhören zu kontrollieren, was ihre Teenager lernen. Alles andere wäre ungesund. Junge Teenager müssen ermuntert werden, alles auszuprobieren, was im Angebot ist. Ältere Teenager hingegen müssen ihre eigenen Entscheidungen treffen. Das kann vielleicht bedeuten, daß Sie Ihren Traum aufgeben müssen, einen Herzchirurgen in der Familie zu haben. Vielleicht müssen Sie sich mit dem Polytechnikum anstelle der berühmten Universität abfinden. Aber so soll es dann wohl sein. Sie hatten Ihre Chance, brillant zu sein. Und wenn Sie Ihrer dreizehnjährigen Tochter klar gemacht haben, daß Sie an ihrer Ausbildung interessiert sind und sich darum sorgen, dann wird sie auch mit sechzehn Jahren noch wissen, daß Sie jederzeit für sie da sind und ihr mit Rat und Tat zur Seite stehen.

Die Schule kann vieles mehr. Für manche Teenager ist sie die Hölle. Viele Kinder sind in der Schule todunglücklich. Viele Eltern halten das für unwichtig und nicht der Rede wert. Ich sehe das anders. Gewiß bildet Unglück den Charakter, aber wir haben schon jetzt zu viele Menschen, die ungerecht und boshaft sind und auf jeden Fall verhindern wollen, daß es jemand leichter haben soll als sie. Unweigerlich kommt es bei der Erziehung jedes Menschen zu Spannungen, weil wir einerseits Selbstbeherrschung und Anpassung fordern, andererseits aber die Bedürfnisse des heranwachsenden einzigartigen Individuums haben. Aber bis ein Schüler schließlich zum Teenager wird, hat er Zeit genug gehabt zu lernen, in einer großen Gemeinschaft zu leben und ein paar vernünftige Regeln zu befolgen. Bei einem Teenager sollte dann schon mehr Raum für die Entfaltung der Persönlichkeit sein, selbst wenn das bedeutet, daß er die Notwendigkeit einer Schuluniform anzweifelt.

Ein mir bekannter Vater verschuldete sich bis über beide Ohren, um seinen Sohn auf einer erstklassigen Schule halten zu können. Er erklärte mir, die Schule wäre es wert, weil sie Maßstäbe setzte: »Saubere Fingernägel. Blankgeputzte Schuhe. Du weißt schon.« Das wußte ich allerdings. Aber ich war der Meinung, er würde ein paar recht oberflächliche Maßstäbe zu einem sehr hohen Preis kaufen. Jeder Vierzehnjährige, der nicht schon im Koma liegt, wird sich fragen, ob es wirklich ein Weltuntergang ist, wenn er mal keine ganz korrekte Schuluniform trägt. So, wie unsere Kinder nicht klein bleiben und zu ihrer eigenen Sicherheit tun müssen, was man ihnen sagt, sondern sich zu erwachsenen Menschen entwickeln, die übermorgen die Welt regieren, so sollten auch wir gelegentliche Herausforderungen begrüßen.

Sie können zwar *verlangen*, daß man Ihre Maßstäbe respektiert, aber Sie können nicht unbedingt damit rechnen, daß dies auch geschieht. Das ist das Dumme an Forderungen. Statt Respekt wecken Sie damit vielleicht Angst und Verachtung. Ein normaler Teenager wird immer einen Weg finden, um das System zu schlagen und gegen die Regeln zu verstoßen. Dabei könnte diese Energie für etwas Besseres genutzt werden. Er könnte beispielsweise eine neue Schülerzeitung herausgeben, oder an seiner Aussprache im Französischen arbeiten, oder für ein Wohltätigkeitsmarathon trainieren, anstatt sich zu überlegen, wie er Mr. Swinley austricksen kann, der gnadenlos jegliche modische Regung auszurotten versucht.

Es gibt viele Wege, um in der Schule unglücklich zu werden, und die meisten von ihnen werden schweigend erduldet. Schulen können Orte der Gewalt und des Schreckens sein. Lehrer können grausam sein. Andere Kinder scheinen Macht über Leben und Tod zu haben. Und für einen Teenager, der mit dem Lehrstoff zu kämpfen hat, kann jeder Unterricht zur sinnlosen Qual werden. Eltern, die nur zu gern vorschreiben, welche Fächer studiert, wieviel Hausaufgaben gemacht werden und welche Universität man anstreben sollte, schrecken häufig vor der Frage zurück, ob ihre Kinder glücklich sind, und wenn nicht, warum nicht?

Wir sollten öfter bereit sein, in die Schule zu gehen und unsere Kinder gegen Dinge zu verteidigen, die stärker als sie sind. Tyrannei auf dem Spielplatz. Sarkasmus im Klassenzimmer. Demütigung auf dem Sportplatz. Wenn sie sich dieser Art von Problemen gegenüber sehen, schrecken Eltern aus irgendeinem Grund zurück. Sie wollen nicht lästig werden. Aber für eine wirklich gute Schule sind die seelischen Probleme der Kinder keine Last.

Lästig sind Eltern, die glauben, daß ihre außergewöhnlich begabte Tochter so schnell wie möglich als Friseuse arbeiten sollte. Und Eltern, die glauben, daß ihr unerträglich beschränkter Sohn zum Ratgeber des Kanzlers avancieren wird, sind mehr als lästig. Aber Eltern, die protestieren, weil in der Schule Gewalt, Einschüchterung oder Schikanen durch kleine Tyrannen an der Tagesordnung sind, sind ein Gewinn für jede Schule. Ein Kind kann noch so intelligent sein: Wenn es eingeschüchtert oder gedemütigt wird, kann es nichts leisten.

Ehe man sich mit einem Problem befassen kann, muß man erst einmal wissen, daß es eins gibt, und Eltern sind oft die letzten, die es erfahren. Vielleicht sind sie so damit beschäftigt, die Hausaufgaben zu überwachen, daß sie gar nicht merken, daß etwas nicht in Ordnung ist. Wirklich gewissenhafte Eltern sind schockiert, wenn ihnen von der Schule mitgeteilt wird, daß ihr Kind den Unterricht geschwänzt hat. Und wenn ein Kind jeden Dienstagmorgen Bauchschmerzen hat, so wird das als Zufall abgetan. Aber die Schule ist der Dreh- und Angelpunkt im

Leben eines Teenagers. Ihre Aktivitäten füllen den größten Teil des Tages. Die Freunde sind dort. Und wenn Ihr Kind plötzlich nicht mehr dort hingehen mag, dann stimmt etwas nicht. Es ist nicht immer leicht herauszufinden, was das ist.

Ich kann hier nur eine begrenzte Liste dessen aufführen, was in der Schule falsch laufen kann. Sie entstammt den Erfahrungen von Freunden und Verwandten und enthält Dinge, über die ein Teenager nicht reden kann. Kinder, die ihr Essensgeld der Schulhofmafia aushändigen müssen. Jungs, die gehänselt werden, weil ihr Haar zu kurz ist. Jungs, die gehänselt werden, weil ihr Haar zu lang ist. Kinder, die zum Ziel des Gespötts und der Hänselei des Lehrers oder seiner sexuellen Annäherungen werden. Für die Vergehen anderer bestraft werden. Bei dem bloßen Gedanken daran, vorsingen, ein Gedicht aufsagen oder im Sportunterricht über einen schmalen Balken laufen zu müssen, wie gelähmt sind. Nicht richtig sehen oder hören. Wegen einer der Eigenschaften isoliert werden, die bei anderen das Schlimmste hervorrufen – weil man dick oder schwarz ist, stottert, kostenloses Essen bekommt oder einfach nur intelligent ist.

Die Diskussionen über Koedukation nehmen kein Ende. Die Vor- und Nachteile sind für Mädchen und Jungen verschieden. Jungs in den Teens tun eine Menge idiotischer Dinge, aber sie stellen sich bestimmt nicht dümmer, als sie sind, bloß weil sie denken, Mädchen fänden das attraktiv. Wenn ein Junge Mathe nicht begreift, gilt das nicht als sexy. Genausowenig wie Kichern oder Ohnmächtigwerden im Labor. Aber bei einem Mädchen kann es das geben. Manche Mädchen – eine ganze Menge sogar – glauben, daß es ihrem Sexappeal abträglich ist, wenn sie zu intelligent sind. In einer Mädchenschule wird ihnen diese Sorge genommen. Sie können nach den

Sternen greifen, ohne ihre Chancen in der Liebe zu schmälern. Das ist ein starkes Argument zugunsten der reinen Mädchenschule, vor allem dann, wenn ein Mädchen daneben die Möglichkeit hat, Jungs zu treffen und einen Geschmack von ihrer *Andersartigkeit* zu bekommen. Jedes Mädchen, das einen Bruder hat, bekommt davon ohnehin beim Frühstück und Abendessen ihre tägliche Portion ab.

Für Jungen in einer Jungenschule sind die Vorteile nicht so offensichtlich wie die Nachteile. Jungen in diesem Alter konkurrieren, streiten und kämpfen hitzig miteinander, ganz gleich, ob Mädchen in der Nähe sind oder nicht. Aber die Gegenwart von Mädchen wirkt sich auf andere Art aus. Mädchen gehen an Problemlösungen flexibler heran und erklären ihre Ideen in weniger feindseligem Ton als Jungen. Ihre Stärke liegt darin, Menschen aus sich herauszulocken und machbare Kompromisse zu schließen. So kann aus einer Diskussion im Klassenzimmer, die aus dreißig lautstarken Egotrips besteht, ein wirkliches Erlebnis von pädagogischem Wert werden. Im großen und ganzen läßt sich sagen, daß die Gegenwart von Mädchen sich auf Jungen positiv auswirkt. Wohingegen die Gegenwart von Jungen Mädchen oft irgendwie »unbedeutend« aussehen läßt. Wenn ich noch einmal von vorn anfangen könnte, würde ich meinen Sohn in eine gemischte Schule schicken, meine Töchter dagegen in ein Kloster auf einer kleinen, abgeschiedenen Insel.

Es ist oft schwer zu entscheiden, wie sehr man im Klassenzimmer glänzen soll, ganz gleich, ob man vom anderen Geschlecht abgelenkt wird oder nicht. Die Eltern der Teenager von heute können das nur schwer verstehen. Viele von uns sind noch in einem Schulsystem groß geworden, in dem die Schüler ständig geprüft und abgestempelt wurden. »Du bist jetzt Klassenbeste(r). Tritt vor. Und du da, ab in die Ecke.« Wir wurden geprüft und mit Etiketten versehen, manchmal für ein ganzes Leben. Einige Kinder resignierten und gaben auf. Aber die meisten versuchten es weiter. In Geschichte Klassenbester zu sein war 1962 kein Grund, sich zu schämen.

Durch das System der Gesamtschule hat sich das geändert. Indem sie die Kinder davor bewahrte, gemeinsam zu Dummköpfen abgestempelt zu werden, hat sie zum Teil auch jene gebremst, die sonst zum Höhenflug durchgestartet wären. Unweigerlich führte der Zug zur Gleichheit nach unten. Seit den sechziger Jahren ist es ganz allmählich zur neuen Höflichkeit geworden, seine intellektuellen Fähigkeiten herunterzuspielen. Wenn man englische Eltern fragt, wie es ihren Kindern in der Schule geht, werden sie ihre Antwort in mißbilligende Worte fassen. »Charlotte? Dumm wie Bohnenstroh. Wir setzen unsere Hoffnung auf Handarbeit und Kinderpflege.« Wir fühlen uns unwohl, wenn jemand dahinter kommt, daß wir eine Fremdsprache sprechen oder fähig sind, unsere Rechnung im Supermarkt im Kopf zu addieren. Wir schieben alles auf unser Glück oder darauf, zu unseren Gunsten mit einem ganzen Zimmer voller Dummköpfe verglichen worden zu sein. Es gilt als »chic«, wenn man unfähig ist.

Das zeigt sich nicht nur an den Noten im Lesen und Rechnen. Genauso sieht es aus, wenn es ums deutliche Sprechen oder leserliche Schreiben geht. Wenn jemand merkt, daß wir uns Mühe gegeben haben, so ernten wir dafür nur Spott. Teenager, die verzweifelt darum bemüht sind, dazuzugehören, stehen unter enormem Druck. Sie müssen stinknormal sein. Ideal ist es, wenn man redet wie ein Diskjockey aus Basildon und läuft wie eine Nutte aus Brooklyn. Wenn jemand entdeckt, daß man ein Buch, einen Skizzenblock oder eine eigene Meinung besitzt, gilt man als unnormal. »Weiß nich' genau«, ist der Satz, der sie praktisch überall hinbringt. Wenn er bei irgend etwas, vor allem, wenn es Intelligenz voraussetzt, richtig heraussticht, so kann das für das Ansehen eines Teenagers auf der Straße fatal sein. So werden unsere Kinder zwischen den Hoffnungen der Eltern und dem mächtigen Abwärtszug ihrer Altersgenossen zerrieben.

Können Eltern etwas dagegen tun? Eine ganze Menge. Meistens läuft es darauf hinaus, einfach DA ZU SEIN. Zu den ersten Dingen, die Schulen von Eltern verlangen, gehört ein gut beleuchteter Platz, um die Hausaufgaben zu machen. Ich weiß nicht, warum. Jeder, der auch nur fünf Minuten in der Gesellschaft von Teenagern verbracht hat, weiß, daß man soviel Geld für Schreibtische, Stühle und verstellbare Lampen ausgeben kann, wie man nur will: Die Hausaufgaben werden doch bäuchlings auf dem Fußboden gemacht.

Dinge wie Terminkalender und Schreibtischzubehör sind völlig überflüssig. Um sich herum bauen Teenager die Dinge auf, mit denen sie sich am wohlsten fühlen – Becher mit kaltem Tee, einzelne Socken, Kerngehäuse, Räucherstäbchen, alte Musikzeitschriften. Lassen Sie sie eine Stunde allein, mit *Guns 'n' Roses*, die aus der Stereoanlage dröhnen, und einem Stapel Jeans und T-Shirts, der sie zu ersticken droht, und sie bringen einen annehmbaren Aufsatz über die Spanische Armada zustande. Aber zwingen Sie sie, sich schön gerade hinzusetzen und mit einem Füller zu schreiben, und schon kann es passieren, daß der Saft der Kreativität einfach versiegt.

Wir lernen alles, wenn wir dazu bereit sind, und gute Arbeitsgewohnheiten bilden da keine Ausnahme. Ich lernte, anständig am Schreibtisch zu sitzen, als meine Nackenschmerzen stärker wurden als ich, und mein erstes Ablagesystem entwickelte ich, als ich etwas sehr Wichtiges verloren hatte. Leider interessieren die Lektionen, die ich gelernt habe, meine Kinder überhaupt nicht. Sie wollen ihre eigenen Erfahrungen machen.

So lange es keine Schwierigkeiten gibt, sieht man von den Schulaufgaben immer nur sehr wenig. Dann jedoch erwartet man von Ihnen, daß Sie sich noch genau an Dinge erinnern, die Sie vor dreißig Jahren einmal gelernt haben. Wenn die Seeschlachten im Ersten Weltkrieg nicht gerade Ihr Spezialgebiet sind, versuchen Sie am besten die Rolle des Organisators zu übernehmen, wenn wegen einer Hausaufgabe Panik ausbricht. Dabei ist es nicht tragisch, wenn Sie eine Frage nicht beantworten können. Hauptsache, Sie wissen, wo man die Antworten findet.

Meine eigene chaotische Bibliothek mit Tausenden von Büchern zu obskuren Themen wurde in der Familie ständig verlacht, bis meine Teenager anfingen, Hausaufgaben zu machen, und eines Sonntagsabends um neun Uhr plötzlich wissen mußten, wer der Welt größter Maniokproduzent war. Heute ist der Unterricht viel interessanter als zu unserer Zeit, und das Material, das die Schüler zum Arbeiten bekommen, ist sehr interessant. Das Problem ist, daß die Kinder oft nicht wissen, wie sie die von ihnen benötigte Information herausziehen können, oder wohin sie sich wenden müssen, wenn sie mehr wissen wollen. Hier sind die Eltern gefordert. Sie können sich aber auch dumm stellen und versuchen, ihre Kinder zu guter Detektivarbeit zu erziehen.

Ein Teenager, der seine Hausaufgaben schnell hinter sich bringen und dann ins Kino gehen will, hofft auf schnelle Antworten. Vielleicht können Sie ihm die bieten. Aber Sie tun ihm einen viel größeren Gefallen, wenn Sie weiterstricken und sagen: »Wenn du weißt, worauf all diese Dinge hinauslaufen, mußt du das Problem ja schon fast gelöst haben. Schreib alles auf, was du bereits weißt, und dann schau es dir noch einmal an.« Die Befriedigung, etwas von den ersten Schritten an erarbeitet zu haben, kann süchtig machen, sogar einen Teenager, der nur Sex und Cricket im Kopf hat. Der Abschluß einer Mutter auf dem Gebiet der Kristallographie ist nur dann eine Hilfe, wenn sie ihre Fähigkeiten einsetzt, um ihre Kinder dazu zu bringen, sich die Dinge selbst zu erarbeiten.

Teenager haben kein Gefühl für die Zukunft. Wenn man ihnen sagt, daß sie sechs Wochen Zeit haben, um einen Bericht über die Entwicklung neuer Städte anzufertigen, dann denken sie in Zeiträumen von fünfeinhalb Wochen, in denen sie die ›Bravo‹ lesen und an ihren Haaren herumfummeln können, und von zwei Tagen, an denen sie voller Panik in der Bibliothek hocken. Nur sehr wenige machen überhaupt einen Plan, und noch weniger halten sich dran. Am Ende wird bis tief in die Nächte gearbeitet, und von Ihnen erwartet man Kaffee, Sandwiches, Klebstoff, eine Schere und kluge Zeitschriften mit passenden Themen. Aber im Grunde besteht Ihre Aufgabe darin, die Ruhe zu bewahren. Wahrscheinlich würden Sie am liebsten sagen: »Ich hab dich gewarnt. Ich hab dir gesagt, du sollst nicht zu der Party gehen. Du hattest wochenlang Zeit, und alles, was du jetzt vorweisen kannst, ist ein Stadtplan. Glaub ja nicht, du könntest dich bei mir ausheulen, wenn du Kinder zu versorgen hast und alle guten Jobs an Leute gegangen sind, die eine Eins in Geographie hatten.« Widerstehen Sie dieser Versuchung.

Sie denken vielleicht, daß Ihre Tochter mit ihrer Zukunft spielt, wenn sie ihre Hausaufgaben vernachlässigt. Ein Blick auf ihr Zeugnis und ein Gespräch mit den Lehrern bestätigen das vielleicht auch. Was Sie dann tun, hängt nicht zuletzt von Ihrer eigenen Selbstsicherheit ab. Es ist Ihre Tochter, die da in der Schule Mist baut, nicht Sie. Sie haben vielleicht auf

Superleistungen gehofft, deren Glanz noch auf Sie zurückstrahlt, aber in Wirklichkeit werden Sie doch an dem gemessen, was Sie *selbst* erreicht haben. Manche Eltern verurteilen sich selbst zu einem Leben dauernder Enttäuschung.

Es gibt Kinder, die sind einfach nicht für die Schule geschaffen. Wo andere Kinder gute Noten kriegen, suchen sie lieber nach Ausreden. Wenn sie Erfolg haben, dann geht es ihnen oft wirklich sehr gut. Aber solange sie noch widerstrebende Schüler sind und Sie zum Elternabend gehen müssen, um sich anzuhören, *wie* widerstrebend sie sind, fällt es schwer, den Kopf hochzuhalten. Zu den goldenen Regeln gehört es, niemals mit anderen Eltern Noten zu vergleichen, und auch nicht ständig darauf herumzureiten, wie gut jemand mit drei Jahren war, oder daß seine Schwester immer nur Bestnoten erzielt hat.

Teenager tun zwar so, als wären die Erwartungen von Eltern und Lehrern ihnen vollkommen gleichgültig. Aber in Wirklichkeit sind sie sich ihrer schmerzlich bewußt. Manche Eltern wollen nicht, daß sich ihre Kinder Dinge in den Kopf setzen, die über ihren Status hinausgehen. Andere Eltern sind erst zufrieden, wenn ihr Kind den Lehrstuhl für Mathematik innehat. Mit sechzehn scheinen Prüfungsnoten genauso lebenswichtig wie das Schlagen des Herzens. Mit achtzehn scheint es das Ende der Welt zu sein, wenn man keinen Studienplatz in Wirtschaftswissenschaften bekommt (oder einen kriegt und dann nicht studiert). Bis Sie zurückdenken an die Abschlußklasse von '65. Was ist aus denen geworden? Hat Carter seine Million gemacht? Leert Tunstall jetzt wirklich Mülltonnen aus? Und hat Bradshaw die Bedeutung des Lebens, der Elektronen und all dem herausgefunden?

Und was ist mit Ihnen? Erinnern Sie sich noch, welche Note Sie in Biologie hatten? Hat sich Spanker

Williamsons Urteil bestätigt, daß Sie reine Platzverschwendung und zu einer Laufbahn verurteilt seien, bei der Sie Pappkartons falten? Erinnern Sie sich nicht vielmehr an Freunde und Feinde, an Ungerechtigkeiten, Lachen und die seltenen, wirklich motivierenden Lehrer, wenn Sie heute an die Schule zurückdenken? Und haben Sie in der Schule irgend etwas versäumt, was Sie später, als Sie es tatsächlich brauchten, nicht auch so noch gut hingekriegt haben?

Solange Ihre Teenager in der Schule sind, sollten *Sie* vor allem Objektivität und philosophische Ruhe studieren.

## Das älteste Hobby der Welt

*Teenager und Sex*

Sex ist ein Problem. Wir möchten ja alle, daß unsere Teenager ein befriedigendes Geschlechtsleben haben. Aber bitte nicht dort, wo wir es sehen können! Und noch nicht jetzt! Sie sollen warten, bis sie verheiratet oder achtzehn Jahre alt sind, oder bis sie ihr Goldenes Sportabzeichen gemacht haben. Und wenn sie dann anfangen, dann doch bitte mit jemandem, der sauber und ordentlich ist, und nicht auf dem Rücksitz eines neu lackierten Manta.

Unsere Vorstellungen vom Teenager-Sex sind meist wild und phantastisch. Heute ist Ihr Kind noch ein duftendes Unschuldslamm, das mit seinem Teddy spielt. Und morgen schon hinterläßt es überall auf dem Teppich Hormonspuren. Eine wandelnde, unaufhaltsame Lustmaschine.

Die Wahrheit ist, daß Teenager ein schreckliches Sexualleben haben. Sie besitzen keinerlei Erfahrung und können sie sich auch nirgendwo holen. Sie fummeln in Wartehäuschen an der Bushaltestelle oder machen es ganz schnell auf dem Sofa, immer mit einem Ohr an der Haustür, wo sich jeden Augenblick Ihr Schlüssel im Schloß drehen kann. Keine Intimsphäre, keine Bequemlichkeit. Und das ist erst der Anfang. Liebe tut weh. Sie macht einen verletzlich und unsicher. Manchmal macht sie einen so glücklich, daß man jede Vernunft vergißt. Aber diese Komplikationen gehören zu gutem Sex. Bis zu einem gewissen Grad verstehen das alle Teenager. Deshalb treiben sie es auch nicht jede Nacht, auf Parkbänken und mit jedem, den sie kennenlernen und der nicht gerade drei Augen hat.

Am schwierigsten ist wohl einzusehen, daß Sie das

Sexleben Ihres Teenagers nichts angeht. Ihre Tochter erforscht jetzt einen der intimeren Aspekte des Erwachsenendaseins. Was Sie sagen, denken oder in Stein meißeln, wird zwar nicht unbemerkt bleiben, aber am Ende wahrscheinlich doch nicht beachtet. Die elterliche Stimme ist nur eine von vielen. Und wenn Sie sich fragen, warum Ihre Stimme nicht mehr ins Gewicht fällt, dann sollten Sie mal auf ein paar der anderen Signale achten, mit denen ein Teenager konfrontiert wird.

In England ist man vor dem Gesetz mit sechzehn alt genug, aber vierzehn kann schon alt genug sein, um sich heimlich die Pille verschreiben zu lassen. Von den Gesundheitsämtern wird immer wieder darauf hingewiesen, daß Sex heute tödlich sein kann. Sexratgeber reden uns ein, nach dem multiplen Orgasmus zu streben. Lasterhafte Sexspielchen werden zum Sonntagsfrühstück serviert. Tante Pearl war froh, daß sie endlich *damit* aufhören konnte, nachdem sie einen Sohn geboren hatte. Heute ist der sexuelle Mißbrauch von Kindern weltweit verbreitet. Madonna bekommt einen Haufen Geld dafür, daß sie auf der Bühne an sich herumspielt. Personen im Licht der Öffentlichkeit setzen alles dafür aufs Spiel. Und die offizielle Version lautet, daß die Muttergottes es überhaupt nicht getan hat.

Die Botschaft ist alles andere als deutlich, aber sie lautet ungefähr so: Sex kann zu den angenehmeren Aktivitäten im Leben gehören. Man muß nur auf Angst, Scham und ansteckende Krankheiten achten.

Teenager haben ein Sexualleben. Nur noch jede zweite Achtzehnjährige ist Jungfrau. Außerdem gehört dieser Teil des Lebens fast ausschließlich ihnen. Die Eltern haben nur dann damit zu tun, wenn die Folgen der sexuellen Aktivität ihres Teenagers buchstäblich in ihr Leben einfallen – wenn Ihr Sohn in Ihrem Haus mit einem Mädchen schläft, das noch nicht alt genug ist, sind Sie davon betroffen; wenn Ihre minderjährige Tochter schwanger ist und von Ihnen erwartet, daß Sie ihr Kind wie Ihr eigenes großziehen, sind Sie davon betroffen; und wenn Ihre Teenies ihre Partner mit heimbringen, um in Ihrer gut ausgestatteten, aber nicht schalldichten Wohnung miteinander zu schlafen, dann ist jeder davon betroffen, der nicht stocktaub ist. Mit allen anderen Situationen haben Sie nichts zu tun. Sie können nicht kontrollieren, was sie tun oder mit wem sie es tun. Sie als Eltern dürfen sich Sorgen machen. Tun Sie das nicht, ist irgend etwas nicht in Ordnung.

Noch etwas empfinden Eltern manchmal gegenüber ihren sexuell aktiven Teenagern: Neid. Aber den können Sie sich sparen! Das Sexualleben eines Teenagers ist nichts, worum man ihn beneiden könnte.

Es gibt viele Bereiche, in denen Unwissenheit ein Segen ist. Das Bett jedoch gehört nicht dazu. Und Teenager sind sexuelle Ignoranten. Wir sollten Mitleid mit all den Lehrern haben, die im Sexualkundeunterricht Blut und Wasser geschwitzt haben. Sie durchlitten schlaflose Nächte auf der Suche nach der richtigen Mischung von kumpelhaftem und autoritärem Verhalten, als sie in der 6c die Selbstbefriedigung durchnehmen wollten. Sie starben tausend Tode, ehe sie an einer Karotte, einer *erigierten* Karotte, den Umgang mit einem Kondom demonstrierten. Und erreicht haben sie auch nichts. Teenager glauben noch immer, man könnte nicht schwanger werden, wenn man es im Stehen macht, oder wenn das Mädchen keinen Orgasmus hat, oder wenn ihre Periode gerade erst vorbei ist oder gerade erst angefangen hat. Manche glauben noch immer, daß einem das Sperma ausgehen kann, wenn man es zu oft macht, oder daß man fünf Minuten Rein und Raus als ausgedehntes Liebesspiel bezeichnen kann. Beneiden Sie sie nicht.

Es gehört ein bißchen mehr dazu als eigene Zähne und schwellende Brüste.

Wie es scheint, ist das Klassenzimmer nicht gerade der beste Ort, um Teenager von ihrer sexuellen Unwissenheit zu befreien. Trotz der edlen Bemühungen der Lehrer bleiben die Fakten nur unvollkommen in der Erinnerung haften, wie es eben so ist mit neuen Dingen, die für das wirkliche Leben eines Teenagers noch keine Bedeutung haben. Vielleicht steht einfach zuviel auf dem Spiel. Ehe man etwas lernen kann, muß man – sich selbst und dem Lehrer gegenüber – zugeben, daß es Dinge gibt, die man nicht weiß. Und das könnte dem Image des Teenagers schaden. Wenn die ganze Clique glaubt, man habe den ganzen langen Sommer über die flotte Filona gebumst, dann kann man doch wohl nicht zugeben, daß man sich in Wirklichkeit die ganze Zeit nur gefragt hat, wohin man seine Beine tun soll? Und das soll man ausgerechnet den glatzköpfigen Lehrer mittleren Alters fragen, der die Antworten kennt, weil *er's* schon gemacht hat?

Eine willkommene Ausnahme von all der Verwirrung und dem Getue ist die Aufklärung der Teenager über HIV und Aids in den Schulen. Ich habe festgestellt, daß Teenager über diese Krankheit ausnehmend gut informiert sind, sehr viel besser übrigens als viele Erwachsene. Was aber den nächsten wichtigen Schritt angeht, nämlich das Übertragen der bekannten medizinischen Tatsachen in einen persönlichen Sicherheitscode, da geht es den Teenagern nicht besser als uns. Sie können sich einfach nicht vorstellen, daß ausgerechnet ihnen so etwas passiert.

Menschen brauchen nicht lange, um bestimmten Ängsten gegenüber immun zu werden. Fernsehberichte, die uns schockieren, wenn wir sie zum ersten Mal sehen, bemerken wir bald darauf gar nicht mehr. Statt unsere Kinder mit Warnungen und Horror-Stories zu überschütten, sollten wir sie lieber anhalten, kritisch und selektiv zu lesen und fernzusehen. Es gibt auch immer mehr Möglichkeiten für Teenager, Erfahrungen mit HIV und Aids aus nächster Nähe zu machen, indem sie sich freiwillig einer der Hilfsgruppen anschließen. Ein kurzer Augenblick persönlichen Kontakts ist mehr wert als tausend Pamphlete. Schließlich müssen wir unsere Kinder irgendwie davon überzeugen, daß *Safer Sex* bedeutet, sich zu schützen, und zwar *jedesmal*.

Es ist noch gar nicht so lange her, da war es Grund zur Heiterkeit, wenn eine Mutter ein Päckchen Kondome bei ihrem Kind fand. Das war zwar der Beweis dafür, daß jemand Verantwortung bei der Empfängnisverhütung übernahm. Aber es war so primitiv! Die hübsche kleine Pille hatte aus dem »Pariser« etwas gemacht, was nur geile Fernfahrer mitschleppten.

Seit Geschlechtskrankheiten zunehmend häufiger werden, hat sich das alles geändert. In Zeiten von Herpes, Chlamydien und HIV sollten wir erleichtert sein, wenn wir Kondome in den Jeans finden. Meiner Meinung nach sollte es in jedem Haushalt Kondome geben, in dem *irgend jemand* ein erfülltes – oder auch nur potentielles – Sexualleben hat. Sie werden im Supermarkt verkauft, also warum sollten sie nicht zum wöchentlichen Einkauf gehören? »Brauchen wir Shampoo? Zahnpasta? Kondome?« Sie dürfen nur nicht zum Ziel einer Inquisition werden. »Wer hat das letzte benutzt? Raus damit! Gestern abend war noch eins da, und *ich* hab es nicht gebraucht!«

Eine Alternative zur Belehrung an der Tafel ist die Belehrung im gemütlichen Sessel. Diese altehrwürdige Institution im Leben einer Familie, das Aufklärungsgespräch, hat eigentlich nie funktioniert. Meistens kam es zu spät. Eine Reihe spontaner, kleiner Hinweise im Laufe der ersten zehn Jahre, bei denen die Fragen behandelt werden, wenn sie aufkommen, ist viel besser. Das Aufklärungsgespräch ist für gewöhnlich eine ziemlich verkrampfte Sache, vor allem zwischen Vater und Sohn. »Du merkst vielleicht, daß du anfängst, äh ... gewisse Gefühle zu entwickeln. Kein Grund zur Sorge. Das ist alles ganz normal. Wenn du erst verheiratet bist, ergibt sich alles von selbst. Die Hauptsache ist, daß du nicht zuviel darüber nachdenkst. Arbeite hart. Amüsiere dich beim Fußball. Ich bin immer da, wenn du Fragen hast. O ja, Mama hat mich gebeten, dir dieses kleine Päckchen zu geben. Denk dran, Sohn, stirb nicht aus Unwissenheit.«

Man kann nur dann etwas von jemandem lernen, wenn man keine Angst hat, ihm Fragen zu stellen. Dadurch wird der Kreis möglicher Lehrer drastisch eingeschränkt. Eltern sind meist ausgeschlossen, denn vom Sex der Jugend von heute verstehen sie nichts, weil er offensichtlich ganz anders als das ist, was sie 1965 gemacht haben, *und* außerdem klammern einige von ihnen sich immer noch daran fest und tun so, als hätten sie ein eigenes Geschlechtsleben. (Eine schreckliche Vorstellung, aber Gott sei Dank wohl nur Wunschdenken.)

Teenager lernen hauptsächlich voneinander. Das war schon immer so, und obwohl es keine perfekte Methode ist, klappt es doch mindestens ebenso gut wie der Sexualkundeunterricht. Als Folge von Verwirrung und Schamhaftigkeit geht im Unterricht stets ein großer Teil der Energie und Aufmerksamkeit verloren. Heutzutage redet man uns ein, wir müßten offen über Dinge sprechen, die unsere intimste Privatsache sind. Aber was uns wirklich weiterbringt, sind die kleinen intimen Details. Es geht nicht darum, *wie* man ein Kondom auseinanderrollt. Das lernt sogar ein Schimpanse. Nein, *wer* es tut, und wann, und wie man sich dabei fühlt, das ist wichtig. Das ist es, was man wissen möchte, wenn man noch keine Erfahrungen hat, und das will man nicht vom Vater oder der Biolehrerin hören.

Wenn Eltern die Qualität dessen, was ihre Teenies über Sex verbreiten, verbessern wollen, können sie nur eines tun: das Haus mit guten Büchern zu diesem Thema ausrüsten, am besten mit bebilderten, und je weniger feierlich, desto besser. Die Kinder werden sie finden und anschauen, lange ehe sie Teenager sind. Freunde, die in bücherfreien Zonen aufwachsen, werden über sie herfallen. In unserem Haus waren all diese Bücher zerfleddert, Jahre, ehe wir den ersten Teenager hatten.

Bücher sind eine ausgezeichnete Möglichkeit, die Dinge verständlich zu machen. Was die moralische Seite angeht, so gibt es eine reiche Auswahl an Positionen. Wahrscheinlich finden Sie ohne große Mühe ein Buch, das die Dinge genauso behandelt, wie es Ihren Vorstellungen entspricht. Aber bitte bedenken Sie: Ihre Teenager wachsen in einer Welt auf, in der es in bezug auf ihr Sexualverhalten keine moralischen Vorschriften mehr gibt. Sie können ihnen sagen, was Sie glauben. Sie können diese deutlichen Worte noch mit Leidenschaft unterstreichen. Irgendwann teilen Ihre Kinder vielleicht auch Ihre Überzeugung, aber wohl nur aufgrund ihrer persönlichen Erfahrung. Ebensogut können sie Ihre Überzeugungen einfach zurückweisen. In jedem Falle lohnt es sich, Ihre eigenen Vorstellungen deutlich zu machen, vor allem wenn es darum geht, was Sie ablehnen. Tun Sie es nicht, könnte Ihr Schweigen als Gleichgültigkeit ausgelegt werden.

Da kommt also Ihr siebzehnjähriger Sohn mit seiner sechzehnjährigen Freundin und fragt, ob sie über Nacht bleiben dürfe. Natürlich kann sie über Nacht bleiben. Haben Sie seine kleinen Freunde nicht immer willkommen geheißen? Aber er meint nicht diese Art Übernachtung. Er meint in seinem Bett.

Er argumentiert damit, daß er und seine Freundin bereits eine sexuelle Beziehung haben. Sie tun es überall, wo sie fünf Minuten Ruhe und Frieden haben, also warum sollen sie jetzt so tun, als wäre nichts, und züchtig in getrennten Zimmern schlafen? Der wahrscheinlichste Grund dafür ist, daß Sie sich dabei wohler fühlen. Ein schwaches, aber einleuchtendes Argument. Wenn Sie sexuelle Beziehungen außerhalb der Ehe, oder zwischen Teenagern, oder zwischen Ihrem Teenager und irgendeinem anderen menschlichen Wesen nicht gutheißen, dann muß sich Ihr Sohn danach richten. Es mag ja sein Zuhause sein, aber Sie geben den Ton an, und wenn Sie mit dem, was er tut, nicht einverstanden sind, dann muß er eben darüber nachdenken, ob er woanders hingeht, um es zu tun.

Wenn Sie ein Kriterium benennen – beispielsweise die Ehe –, entstehen bloß sophistische Diskussionen. Würde die Ehe wirklich einen Unterschied machen? Auch wenn die Braut sechzehn und der Bräutigam siebzehn wäre? Und was würden Sie sagen, wenn Ihr Sohn eine lebenslange Partnerschaft mit jemandem eingeht, ohne jemals zu heiraten? Statt zu versuchen, eine Antwort auf all diese vernünftigen Fragen zu finden, ist es leichter und ehrlicher, wenn man sagt: »Im Augenblick fühle ich mich einfach nicht wohl, wenn du und deine Freundin in meiner Wohnung in einem Bett schlafen. Wenn sich das ändert, wirst du es als erster erfahren. Bis dahin gilt: getrennte Zimmer.« Auch als Vater oder Mutter darf man manchmal ruhig ein bißchen irrational sein.

Wenn Sie erst einmal akzeptiert haben, daß Ihr Teenager irgendwann sein Sexualleben haben wird, ganz gleich, wie Sie persönlich dazu stehen, können Sie sich den Bereichen der Sexualität zuwenden, in denen Sie vielleicht etwas Einfluß haben. Dazu gehört insbesondere die Sicherheit – körperlich wie emotional.

An dieser Stelle wird leider der Unterschied zwischen den Geschlechtern extrem wichtig. Eltern, die fünfzehn Jahre lang versucht haben, Geschlechtsspezifisches in ihrer »Gleiches-Recht-für-alle«-Kinderstube auszumerzen, leiden darunter sehr. Was immer unsere Kinder in jungen Jahren sehen und erleben, egal, wie sehr wir uns bemühen, in unseren Söhnen die positiven weiblichen und in unseren Töchtern die positiven männlichen Eigenschaften zu fördern, am Ende haben wir doch immer junge Männer, die glauben, sie müssen *es tun*, und junge Frauen, die erwarten, daß *es* ihnen *angetan* wird.

Ich finde, daß dies künftige Eltern nicht davon abhalten sollte, nach dem Prinzip sexueller Gleichheit zu leben. Ich glaube immer noch, daß die Welt in den Händen emotional ausgeglichener Menschen besser aufgehoben ist, als bei sexuellen Chauvinisten. Aber wir müssen uns des Konflikts bewußt sein, den wir möglicherweise in diesen armen Teenagern auslösen. Wir verlangen von unseren Söhnen, zärtlich und einfühlsam zu sein, während ihre Hormone ihnen befehlen, nach dem explosiven Dreißig-Sekunden-Quickie zu streben. Wir verlangen von unseren Töchtern, autonome Persönlichkeiten zu werden und ihre Befriedigung nicht nur in Beziehungen zu suchen. Aber ihre Hormone sagen ihnen, sie sollten sich einen großen, starken Mann suchen und mit ihm ein Nest bauen. Wie viele von uns, die in den fünfziger und sechziger Jahren aufgewachsen sind, mußten schon so enorme Widersprüche lösen?

Bei jungen Männern ist der Pegel sexueller Aktivität umgekehrt proportional zu der Menge anderer Aktivitäten in ihrem Leben. Baden-Powell mit seiner Pfadfinderbewegung war also durchaus auf dem richtigen Weg. Die Begeisterung für Schule, Sport und andere Hobbys mindern das dringende Bedürfnis nach sexueller Entspannung zwar nicht, aber sie lenken es in eine andere Richtung. Selbstbefriedigung ist eine ausgesprochen angenehme Alternative zu komplizierten, zeitraubenden Romanzen. Sie geht schnell, ist ungefährlich, und anschließend kann man schnell wieder an seinem Modellflugzeug basteln, ohne jemandem sagen zu müssen, daß man ihn liebt.

Wenn Sie das Sexleben Ihres Sohnes bremsen wollen, können Sie ihm also helfen, indem Sie ihn dazu ermuntern, die anderen Dinge zu tun, die ihn interessieren. Und wenn Sie glauben, daß er tatsächlich irgendwelche Zweifel hegt, erklären Sie ihm klipp und klar, daß Masturbation ihn weder verrückt noch blind, haarig oder kahlköpfig macht. Ganz gleich, wie oft er es tut.

Wenn er dann zum Sex mit Mädchen übergeht, ist Sicherheit nur noch eine Frage der Aufklärung. Das soll nicht heißen, daß junge Männer gegen Leidenschaft und Liebeskummer immun sind. Sie können sich heftig verlieben und tun das auch immer wieder. Aber immer sind auch andere Dinge in ihrem Leben wichtig – Karrierewünsche, der Ehrgeiz, in der ersten Mannschaft zu spielen, der Trost, wenn man auf einem Schlagzeug herumklopft –, all das hilft ihnen über die meisten Dinge hinweg. Das Risiko, daß ein Junge wirklich am Ende ist, wenn eine Beziehung zerbricht, ist viel geringer als bei einem Mädchen. Die größten Risiken für einen Jungen sind, daß er vorzeitig Vater wird oder sich eine Geschlechtskrankheit einfängt. Kondome schützen vor beidem.

Das Sexualleben Ihrer Tochter ist kompliziert. Sie wünscht sich die sexuelle Erfahrung wegen der Erotik, aber auch wegen der Wärme und Zärtlichkeit, die sie hoffentlich bringt. Sie wünscht sich die emotionale Nähe des intimen Beisammenseins mit einem anderen Menschen. Aber wahrscheinlich will sie auch in der Schule gut sein, sich mit ihren Freundinnen treffen, ›Cosmopolitan‹ lesen und jemanden haben, der sich um sie kümmert, falls etwas schiefgehen sollte.

Wenn sie nicht in irgendeinem Hobby – dem Spielen eines Instrumentes oder dem Training einer Sportart – vollkommen aufgeht, werden ihre Beziehungen spätestens mit fünfzehn das wichtigste in ihrem Leben. Das schlägt sich dann meist auch in allem anderen nieder, was sie tut. Ihre Bereitschaft, ihre eigenen Wünsche und Bedürfnisse zurückzustellen, um die Beziehungen zu anderen zu pflegen, macht sie verletzlich. Dasselbe gilt für ihre Fruchtbarkeit. Wen wundert es da, wenn ein heranwachsendes Mädchen bald den Eindruck gewinnt, daß es gefährlich ist, eine Frau zu sein.

Früher wurde den Mädchen das laut und deutlich gesagt. Der Überbringer der Nachricht war ihre Mutter oder eine andere ältere Frau, und die Botschaft wurde ihr durch fest zusammengepreßte Lippen entgegengeschleudert: »Halt die Beine zusammen, junge Dame. Die Männer wollen alle nur das eine, und wenn sie glauben, daß sie's umsonst kriegen, dann ist es um dich geschehen. Und noch etwas. Vielleicht laufen sie den Frauen nach, die keine Slips tragen, aber sie kaufen ihnen keine Häuser und Küchen.«

Ein gut entwickelter Egoismus schützt Mädchen am besten vor einer zu ernsten Beziehung oder Schwangerschaft. Aber gerade ihre eigenen Interessen unterdrücken sie bei der Suche nach einem Partner am meisten. Jungen suchen sich Partnerinnen, die sie sympathisch und attraktiv finden. Mädchen dagegen wählen häufig das wandelnde Unheil – Lumpen, Schwächlinge oder Angeber – und bilden sich ein, sie könnten aus ihnen wertvolle Angehörige der menschlichen Rasse machen, wenn sie diese Typen bloß mit genug Liebe und Hingabe überschütten. Wenn ein Mädchen überhaupt Zukunftspläne hat, dann heißt das für sie oft leider bloß: einen Mann finden und mit ihm mitlaufen. Da überrascht es kaum, daß Mädchen im Namen der Liebe so viel zu riskieren bereit sind. Als Teenies haben sie so wenige realistische Vorstellungen über die Zukunft, daß sie gar nicht wissen, was sie aufs Spiel setzen.

Ungewollt können die Mütter von heute, die die Vorzüge zuverlässiger Verhütungsmethoden und offenerer Beziehungen zwischen den Geschlechtern genossen haben, zur Verwirrung ihrer Töchter noch beitragen. Auf der einen Seite haben wir die Mama, die im reifen Alter von dreiundvierzig Jahren noch immer Lebenslust versprüht und die ehrlich und locker mit dem Thema Sex umgeht. Auf der anderen finden sich die alten, negativen Schwingungen. Worte wie Gefahr und Angst. Auch wenn es auf den ersten Blick altmodisch wirkt, sollten wir mit unseren Töchtern darüber sprechen.

Machen Sie sich keine Gedanken über den G-Punkt. Ein Mädchen muß vielmehr wissen, daß Mann und Frau verschiedene Sprachen sprechen. Ein Junge sollte das eigentlich auch wissen, aber ihn wird es leider nicht so interessieren. Für Mädchen ist es schwer zu akzeptieren, daß ein Junge ganz anders mit einer Beziehung umgeht als sie. Vielleicht läßt er sich wirklich auf das Mädchen ein, öffnet sich ihr, fühlt, daß er sie liebt, aber bestenfalls teilt sich die Beziehung den ersten Platz mit anderen wichtigen Dingen wie Arbeit und Spiel. Ein Szenario, in dem ein anderer arbeitet und Geld genug für beide heimbringt, hat in den Zukunftsträumen eines Jungen keinen Platz. Auch in den neunziger Jahren weiß er (anders als ein Mädchen), daß er nicht nur Liebhaber, sondern auch Arbeiter sein muß.

Mädchen sind am Boden zerstört, wenn sie entdecken, daß ein Junge zwar verliebt sein kann, aber trotzdem auch noch an anderen Dingen interessiert ist, und wenn sie erkennen, daß Jungen problemlos

Liebe und Sex voneinander trennen können. Männer sind keine Sexmaschinen, aber aus weiblicher Perspektive sehen sie manchmal so aus. Das Problem der Mutter besteht darin, ihrer Tochter klarzumachen, wie groß die Risiken in der Liebe sind, ohne sie vor Angst gleich zu lähmen. Dabei erweist sich die Selbstachtung ihrer Tochter als Unterstützung oder Hindernis. Worum es auch geht, alle Straßen führen zurück zu diesem zarten Gebilde. Wenn wir weniger Zeit damit verbrächten, uns Gedanken über Pille und provozierende Kleidung zu machen, und statt dessen mehr Zeit aufwenden würden, um das Selbstwertgefühl unserer Töchter zu stärken, wäre das wahrscheinlich die Lösung.

Wir gehen davon aus, daß uns wegen des heterosexuellen Verhaltens unserer Kinder noch graue Haare wachsen, und wir hoffen (und sei es nur wegen der Schwierigkeiten, mit denen sie dann fertig werden müßten), daß wir es nicht mit Homosexualität zu tun bekommen. Aber einigen von uns wird das passieren. Wenn das Sexualleben eines heterosexuellen Teenagers schon schmerzlich ist, so ist das eines homosexuellen Teenagers die reinste Qual.

Hält er seine Homosexualität geheim, muß er neben allem übrigen – Selbstzweifeln, Scham, unerwiderter Liebe – auch noch die Einsamkeit erdulden. Geht er offen damit um, sieht er sich einer anderen Art von Einsamkeit gegenüber. Wie bei allem anderen auch, wollen Teenager in diesem Bereich verzweifelt dazugehören, wollen von der Clique akzeptiert werden. Junge Homosexuelle haben oft das Gefühl, einem selbsternannten Ein-Personen-Club anzugehören. Sie sind sich auch klar darüber, daß die erste Reaktion ihrer Eltern negativ sein wird. Dabei kann es sich um nackten Schwulenhaß bei Menschen handeln, die ihn eigentlich bedingungslos lieben sollten. Ihre Ablehnung kann sich aber auch darin zeigen, daß sie die Homosexualität der Kinder leugnen. Mädchen, die sich zu ihrer Homosexualität bekennen, hören oft, daß es so etwas gar nicht gibt, oder daß sie gerade »eine dieser Phasen« durchmachen würden. Vielleicht folgt aber auch die neurotische Suche nach einem Schuldigen: »Was haben wir bloß falsch gemacht?« – »Ich habe ja immer schon gesagt, wir hätten ihm den Ballettunterricht verbieten sollen.« – »Daran war nicht das Ballett schuld. Es war die Art, wie du immer und immer wieder gesagt hast, beim Rugby nehmen sie keine Spieler mit spitzen Zehen.«

In letzter Zeit häufen sich die wissenschaftlichen Beweise, daß unsere Sexualität schon vor der Geburt bestimmt wird. Aber Ihr Nachbar, oder Oma und Opa, sind mit dem neuesten Stand der Wissenschaft vielleicht nicht vertraut. Sie sind einfach der Ansicht, daß Sie einen Perversen ausgebrütet haben, und alles, was er je getan hat (Gedichte geschrieben, ins Bett gemacht, einen Fußball durchs Küchenfenster geschossen), und alles, was Homosexuelle je gemacht haben, wird Ihnen jetzt vorgeworfen. Ihr homosexueller Sohn oder Ihre Tochter sehen das alles wahrscheinlich voraus und möchten es Ihnen ersparen. Wenn es überhaupt etwas gibt, was Eltern in dieser Situation tun können, dann eins: Sie können die Einsamkeit ihres Kindes zu lindern versuchen. Ermutigen Sie Ihren Sohn, sich mit anderen schwulen Teenies irgendwo in positiver Umgebung zu treffen. Wenn er das tut, haben Sie vielleicht Gelegenheit, andere Eltern in ähnlicher Lage kennenzulernen. Wenn Sie es dann mit Onkel Len zu tun kriegen, der findet, man sollte alle Homosexuellen an die Wand stellen und abknallen, werden Sie für diese Freunde noch sehr dankbar sein.

Zum Schluß noch ein Aspekt vom Sex, der Teenagern Probleme macht, aber häufig übersehen wird – Eltern. Sexuell aktive Eltern.

Teenager haben eine eigenartige Vorstellung von Senilität. Sie glauben, sie würde mit siebenundzwanzig einsetzen. Außerdem schleppen sie seit ihrer Kindheit die Vorstellung mit sich herum, daß Eltern Über- oder Untermenschen sind. Vögel tun es, Flöhe tun es, aber doch wohl nicht »die Alten«?

Wahrscheinlich fühlen sich Teenies mit Eltern am wohlsten, die es ganz offensichtlich nicht tun. Wenn ihre Eltern eindeutig noch attraktiv füreinander sind, oder schlimmer noch, wenn sie sich eines provozierenden Verhaltens schuldig machen – beispielsweise ins Schlafzimmer gehen, die Tür hinter sich schließen und darauf bestehen, daß die Kinder anklopfen und das »Herein« abwarten, besteht die Reaktion höchstwahrscheinlich in Abscheu. Das ist gut so. Heutzutage sind nur noch so wenige Tabus unangetastet, daß es gar nicht schaden kann, wenn diese Frage nicht diskutiert wird. Manche Eltern geben sich allzu forsch: »Wir haben ihnen erzählt, daß wir Sex immer noch mögen, auch wenn wir Falten haben und Papa die Haare ausgehen. Und mit Hilfe von XYZ-Gel treiben wir es auch noch mit siebzig.«

Sie sollten Teenager mit solch gnadenlosen Eltern bedauern. So etwas kann einem die Sache fürs ganze Leben vermiesen. Oder jedenfalls beinahe.

## Sorgenfreie Jugend und andere Bürden

### *Teenager und Streß*

Kaum zu glauben, aber Ihre Tochter, die gegen Mittag aufgestanden ist, die Küche bei ihrem Blitzbesuch ins Chaos gestürzt hat und sich dann den lieben langen Nachmittag mit der Frage gequält hat, welche Bluse sie tragen soll, ist eine Streßkandidatin! Streß ist untrennbar mit dem Leben des modernen Menschen verbunden, also gilt er auch für Teenager. Ein Teil des Drucks ist positiv (wenn er sie dazu bringt, sich in Bewegung zu setzen und etwas zu tun), ein anderer ist destruktiv. Nicht der Druck als solcher ist das Problem für den Teenager, sondern die Tatsache, daß es keine bestimmten Strategien gibt, wie man damit umgehen soll.

Bis vor gar nicht langer Zeit lebten die meisten Teenager innerhalb streng festgelegter Grenzen. Zuhause, das war der Ort, an dem eine Mama war, die alle praktischen Bedürfnisse jedes Familienmitglieds erfüllte und an deren Busen man sich ausweinen konnte. Papa ging zur Arbeit. Das, was er dort machte (lange, harte Arbeitsstunden lang, bis er fünfundsechzig war), war das einzig Bemerkenswerte an ihm. Danach blieb er dann daheim und stand unter Mamas Pantoffel. Die Schule war der Ort, den man besuchte, bis man seine eigene kleine Lebensreise antreten konnte: Arbeit, Verlobung, Ehe, Wohnungssuche, Elternschaft – und schon wiederholte sich der ganze, vielfach erprobte Kreislauf.

Heute sind die Grenzen fließend. Ein paar sind sogar ganz verschwunden. Manche scheinen da zu sein, bis man sie berühren will und feststellen muß, daß sie verrutscht sind. Teenager können sich nicht mehr auf ein Leben harter Arbeit freuen, selbst wenn sie das wollten. Der Arbeitsmarkt schrumpft und verändert sich. Mama steht nicht mehr daheim am Herd, Papa macht sich verrückt vor Sorgen wegen der Arbeitslosigkeit, Ehen zerbrechen, die Gewalt in der Familie nimmt zu, und es ist schon lange nichts Ungewöhnliches mehr, wenn sich arbeitslose Teenager in einem möblierten Zimmer ein Nest bauen und Kinder in die Welt setzen.

Und als wäre das noch nicht genug, haben wir es immer und überall mit Menschen zu tun, die uns Dinge verkaufen wollen, die wir nicht brauchen und die wir uns nicht leisten können. Verbrechen scheinen sich durchaus zu lohnen. Und alle möglichen Sachen, die früher ganz sicher waren, wie Sex oder ein Spaziergang, können einen heute das Leben kosten. Teenager sitzen vielleicht nicht gerade mit in die Hände gestütztem Kopf herum und jammern, aber ihre Verwirrung und Niedergeschlagenheit werden sich in ihrem ganzen Verhalten zeigen.

Dabei erwarten die Leute von Teenagern, daß sie eher vergnügt sind. Allein der Gedanke, sie könnten unglücklich sein, läßt viele Eltern schon in höhnisches Gelächter ausbrechen. »Deprimiert! Du hast überhaupt keinen Grund dazu. Deine Lieblingsmannschaft steht ganz weit oben in der Tabelle, und du hast diesen Super-Kassettenrecorder. Was soll ich denn sagen? *Ich* habe meinen Schadensfreiheitsrabatt eingebüßt, meine Begonien sind erfroren, aber ich bin nicht deprimiert. Deine Mutter muß sich die Krampfadern veröden lassen, aber sie ist kreuzfidel. Also, warum solltest du da deprimiert sein?« Die ehrlichste Antwort darauf ist ziemlich oft: »Ich weiß nicht. Ich bin es einfach.«

Es ist nun mal eine Tatsache, daß Teenager gelegentlich zu Weltschmerz neigen – einer düsteren, kräftezehrenden Stimmung, die sie aus heiterem Himmel überfällt und die rein gar nichts mit einem bestimmten Problem in ihrem Leben zu tun haben muß. Die Teenagerjahre sind eine Zeit des Kampfes und der Veränderungen, eine Zeit, in der sich die einzigartige Identität eines Menschen herausbildet. Es handelt sich um eine Metamorphose, aber ihr fehlt die Abgeschiedenheit eines Kokons. Jeder kann zusehen, und das macht es für den Teenager schmerzlich und für die Zuschauer schwierig, auch und gerade weil sie ihn lieben. Das kann schlimm genug sein. Aber wenn es aus irgendeinem Grund nicht passiert, wenn der Vorgang abgekürzt wird oder nie anfängt, dann erwartet uns etwas noch viel Schlimmeres – chronische Depressionen oder eine andere seelische Störung.

Eine allzu behütete Tochter, deren Eltern in ihrer Kindheit jeden Schritt überwacht haben, tritt vielleicht niemals in diese wirre Phase ein, in der sie versucht, ihre Identität zu entwickeln. Statt dessen schließt sie sich möglicherweise einer autoritären Sekte an und erwirbt auf diese Weise eine Persönlichkeit von der Stange. Alternative hierzu: Sie findet sich mit der Identität ab, die ihre Eltern ihr aufgezwungen haben. Um ja niemanden zu kränken, bleibt sie ewig die brave Tochter und nimmt die Depression, die damit einhergeht, in Kauf.

Oder sie machen der ganzen Sucherei und den Fragen ein vorzeitiges Ende, indem sie so tun, als hätten sie es bereits geschafft. Teenager, die gezielt schwanger werden und heiraten, setzen diese Strategie ein, d. h. sie spielen erwachsen, anstatt diesen Reifegrad langsam und schmerzlich zu erringen.

Die Antwort auf die Frage: »Was ist denn der Grund für deine Depression?« lautet oft einfach: »Du.« Das traditionelle Vorurteil, Teenager seien schrecklich, führt dazu, daß wir oft nicht mehr merken, wie unerträglich die Eltern eigentlich sind. Sie lügen und betrügen. Sie trinken und rauchen. Sie tun so, als wüßten sie etwas, auch wenn das nicht der Fall ist. Und sie behandeln ihre Kinder voll Verachtung. Solche Leute würde man sich nicht als Freunde aussuchen, aber als Kind muß man mit solchen Eltern leben.

Wir alle haben Depressionen, egal, wie alt wir sind. Wir machen sie durch, aber wir fangen uns wieder. Ein Erwachsener erhält durch seine Arbeit oder die Sorge für andere den nötigen Aufschwung, und wenn er noch mehr Hilfe braucht, weiß er meistens, wohin er sich wenden kann. Ein deprimierter Teenager ist viel verletzlicher. In Gesprächen mit Teenagern gehen wir immer davon aus, daß man sich als gesunder Sechzehnjähriger einfach toll fühlen muß. Im Verlauf einer normalen Unterhaltung geben wir ihnen nicht einmal Gelegenheit, sich auszuheulen. Denn Eltern, die besser als jeder andere erkennen sollten, wann ihr Kind Probleme hat, haben häufig einen triftigen Grund, das nicht zu bemerken – sie *sind* eins der Probleme.

Wenn ein Teenager die ganze Zeit schlafen will, oder nachts nicht schlafen kann, wenn ein Mädchen sich von seinen Freundinnen zurückzieht, sein Äußeres vernachlässigt, nicht mehr ißt, oder wenn die schulischen Leistungen rapide abfallen, dann stimmt etwas nicht. Es muß reden. Ein älterer Bruder oder eine Schwester können hier helfen. Desgleichen ein engagierter Lehrer. Großeltern können ebenfalls hervorragend zuhören (und sind meist nicht in erster Linie betroffen). Irgend jemand muß es jedenfalls tun. Immer mehr Teenager machen Selbstmordversuche, insbesondere Jungen, und die gehen meistens sehr gründlich vor.

Wenn ein Teenager damit droht, sich etwas anzutun, oder ganz offen Versuche unternimmt, die von jedem entdeckt werden müssen, dann bedeutet das zumindest, daß noch Kommunikation möglich ist. »Schau her«, heißt das, »ich bin so durcheinander, daß ich mein eigenes Leben, meine eigene Sicherheit aufs Spiel setze und jeden erschrecke, der mich liebt.« Manchmal hängt an dieser Botschaft noch mehr. »Gib mir, was ich will, dann geht es mir gut.« Ich denke hierbei an die Drohung, fortzulaufen, oder an die demonstrative Suche nach Tabletten. Jedes Kind, das ich jemals bei einem derartigen Verhalten beobachtet habe, hat schließlich irgendwann auf Entschiedenheit, kombiniert mit Umarmen und Kuscheln und einem liebevollen Ringkampf im Wohnzimmer reagiert.

Ich persönlich habe die Erfahrung gemacht, daß stillere, heimlichere Versuche, sich etwas anzutun, wirklich sehr ernst genommen werden sollten, selbst wenn sie höchstwahrscheinlich nicht tödlich enden. Jede Art von wirklich entschlossener Selbstverletzung ist ein Zeichen dafür, daß Hilfe dringend notwendig ist.

Manchmal genügt schon Ihr Hausarzt als erste Anlaufstelle (auch wenn Ihr Kind, sobald es sechzehn ist, seine eigenen Erfahrungen bezüglich ärztlicher Behandlung treffen kann). Aber bitte beachten Sie: Der Arzt ist zum Schweigen verpflichtet, wenn Ihre Tochter bei ihm Hilfe sucht, auch Ihnen gegenüber! Je nach Art des Problems kann man sich auch an einen der Beratungsdienste wenden, die in den letzten zehn Jahren wie Pilze aus der Erde geschossen sind. Einige sind ausgezeichnet. Andere wiederum versprechen mehr, als sie halten können. Aber so etwas macht die Runde. Also fragen Sie. Zusätzlich gibt es bei speziellen Problemen noch die Telefondienste.

Eltern, die bis über beide Ohren in finanziellen oder ehelichen Schwierigkeiten stecken, sollten nicht unterschätzen, wie verlassen oder verängstigt möglicherweise ihre Kinder sich fühlen.

Wenn es daheim Ärger gibt, wenn Eltern unglücklich sind und ständig streiten, oder wenn jemand ernsthaft krank ist, glauben Kinder jeden Alters immer, daß es zumindest teilweise ihre Schuld sei. Normalerweise sagen sie das nicht. Aber innerlich lassen sie sich davon auffressen. Ein Teenager, der völlig in sich gekehrt und unabhängig von den Eltern zu sein scheint, kann daran zugrunde gehen, wenn er zusehen muß, wie die Familie zerbricht. Törichterweise erklären Eltern, die sich am liebsten erdolchen würden oder sich stundenlang zu grimmigen Gesprächen zurückziehen, oft voller Stolz: »Unsere Kinder haben wir herausgehalten.« Das ist aber nur ein weiteres Beispiel dafür, daß Eltern ihre Kinder behandeln, als gehörten sie gar nicht zur menschlichen Rasse.

Tatsächlich leiden sie an derselben Traurigkeit, denselben Ängsten wie alle anderen, finden aber nur sehr wenig Beachtung. Kleine Kinder werden zärtlich umsorgt, die Erwachsenen stehen ohnehin im Mittelpunkt und gehen ganz in ihrem Drama auf; aber von den Teenagern nimmt man an, daß sie sich nur für sich interessieren. Würde man sie fragen, würde man etwas ganz anderes zu hören bekommen. Möglicherweise sehen sie die familiären Schwierigkeiten mit atemberaubender Deutlichkeit. Und oft machen sie sich selbst die größten Vorwürfe, weil sie glauben, die Dinge noch schlimmer gemacht zu haben. Es ist kaum zu glauben, daß Sechzehnjährige in ihre Kissen weinen, weil Papa auszieht, oder weil Mama traurig aussieht, oder weil ihre Schwester noch einmal operiert werden muß, aber sie tun es. Genauso schwer ist es zu glauben, daß eine Umarmung hilft, aber sie tut es. Vor allem jedoch muß man den Teenies erzählen, was los ist. Sie müssen einbezogen werden.

Manchmal hat die Krise mit dem Teenager und einem Elternteil zu tun. Wenn dem so ist, hat der andere Elternteil das Gefühl, von außen zusehen zu müssen. Das wichtigste ist dann, daß er nicht draußen *bleibt.* Wenn ein Elternteil und ein Kind miteinander im Streit liegen, hat auch der andere Elternteil damit zu tun, und sei es durch Unterlassung.

Häufig spielt Papa die Rolle des unbarmherzigen Menschenfressers, während Mama die zahnlose Löwin verkörpert und der Teenager als Marionette und Sandsack fungiert. Meistens läuft die Sache so, daß Papa dem Teenager ständig im Nacken sitzt, während Mama bemüht ist, ihn wieder herunterzuziehen. Papas Waffe ist für gewöhnlich eine messerscharfe Zunge. Er läßt sich keine Gelegenheit entgehen, sein Kind auf die Größe eines Gartenzwerges zusammenschrumpfen zu lassen. Mama steht händeringend daneben und sagt Dinge wie: »Gib dem Jungen doch eine Chance.« Und der Teenager leidet. Weder wird er richtig geschützt, noch werden ihm richtige Grenzen gesetzt. Er entschlüsselt nur die Botschaft, daß nichts, was er tut, Papa recht ist, und wenn er Glück hat, gibt ihm Mama zum Trost einen Kuß. Ein solche Botschaft ist ein Fluch fürs Leben.

Wenn die Dinge so laufen, bedeutet es, daß etwas zwischen Eltern und Kindern nicht stimmt. Menschenfressende Ungeheuer glauben, sie müßten die Menschen zurechtstutzen, weil es sonst niemand tut und die zivilisierte Welt in Gefahr ist. Sie bilden sich ein, unersetzlich zu sein. Man muß ihnen einen Teil ihrer Pflichten mit Gewalt entreißen. Am einfachsten ist es, wenn der andere Elternteil deutlichere Grenzen setzt und ihnen erkennbar auch Nachdruck verleiht. Ein Partner, der die Probleme erkennt und beschließt, in der Erziehung der Kinder eine wichtigere Rolle zu übernehmen, gibt dem Menschenfresser Gelegenheit, sich zurückzuziehen. Vielleicht nur ein klein wenig; Menschenfressern fällt es schwer, loszulassen. Aber jede kleinste Pause in der ständigen Nörgelei, die Sie einem Teenager ermöglichen, ist Balsam für sein Selbstwertgefühl.

Abgesehen vom Familienzwist sind es vor allem die mangelnden Zukunftsaussichten, was die Teenager deprimiert. Für die Klügsten unter ihnen, die einen guten Abschluß machen werden, liegt die Frage, welche Art von Arbeit sie irgendwann einmal verrichten, in weiter Ferne. Aber für diejenigen, die am liebsten gleich mit Lernen aufhören möchten, stellt sich die Frage sofort. Wenn Leute erklären, die Zeitungen wären voll von Stellenanzeigen, dann haben sie sich wahrscheinlich nicht die Mühe gemacht, sie auch zu lesen. Natürlich gibt es Jobs, aber meistens befinden sie sich an den beiden äußersten Polen des Spektrums. Es gibt Stellen für diejenigen, die Zeugnisse und Erfahrung haben. Und es gibt Teilzeit- und Aushilfsjobs für Menschen, die ihr Leben nicht planen wollen oder müssen. Dazwischen gibt es nur sehr wenig.

Vielen Teenagern bleibt nur die Wahl, entweder lustlos weiter zur Schule zu gehen oder von der Sozialfürsorge zu leben. Wenn man ein Dach über dem Kopf und keinerlei Verpflichtungen hat, scheint es gar nicht so übel, eine Zeitlang von der Stütze zu leben. Arbeitslose Kids hängen zusammen herum und helfen sich mit allem aus, was sie haben. Manchmal wenden sie sich aber auch kriminellen Unternehmungen zu. Wenn ein Teeniemädchen sieht, daß seine Freunde durch Ladendiebstähle oder Rauschgifthandel zu Geld kommen, ist das eine verständliche Versuchung. Aber am Ende ist einfach alles – Putzen, das Leben als Schüler, eben *alles* – besser, als im Bett zu liegen und darauf zu warten, daß der Postbote den Scheck vom Sozialamt vorbeibringt.

Die Suche nach einem Job ist zutiefst deprimierend. Ohne Erfahrung bekommt man keine Arbeit, aber Erfahrung kann man ohne Arbeit nicht sammeln. Man kann mit seinem tüchtigen, jungen Körper nicht mal mehr auswandern. Die Agenturen nehmen nur Menschen mit besonderen und nützlichen Fähigkeiten. Wenn man wochenlang nur Absagen bekommen hat, fällt es schwer, jeden Morgen aus dem Bett aufzustehen, geschweige denn Zeit damit zu verbringen, einen passablen Bewerber aus sich zu machen. Es wäre vernünftig, den Umgang mit einer Schreibmaschine zu lernen, oder den Führerschein zu machen. Aber wenn man siebzehn ist und sich gern eine Lederjacke und jeden Freitag eine neue CD kaufen möchte, und nicht einmal einen Job als Spülhilfe kriegt, dann hat man keine Lust mehr, vernünftig zu sein. Man sieht keinen Sinn darin, jeden Morgen aufzustehen, sich die Haare zu waschen und zum Arbeitsamt zu fahren, weil man die Art Disziplin, die ein geregeltes Arbeitsleben erfordert, gar nicht erst kennengelernt hat.

Es gehört erstaunlich wenig dazu, einen Teenager aus der Lethargie der Arbeitslosigkeit zu holen. Ein paar Tage mit irgendeiner Arbeit, die etwas Geld und Anerkennung bringt, wirken Wunder. Wenn man einen Job hat, ist es leichter, einen anderen Job zu finden. Und so pervers es klingt: Wenn man einen Job hat, hat man auch mehr Lust, etwas anderes zu tun. Wenn Sie sagen: »Warum liest du nicht etwas? Du hast doch immer so gern in den Kosmos-Jahrbüchern gelesen«, dann wirft ihnen ein Teenager, der vom Arbeitslosengeld lebt, nur einen bösen Blick zu. Und das zu Recht.

Ein weiterer, grundlegender Unterschied zwischen Eltern, die in den fünfziger und sechziger Jahren aufwuchsen, und ihren Kindern, die heute Teenager sind, ist die Gewalt, die sie am eigenen Leibe erfahren oder auf andere Art spüren. In fast jedem Haushalt befindet sich ein Fernseher, ein Fenster zu den Dingen, die in Somalia und Ex-Jugoslawien ablaufen und an denen offenbar keiner von uns etwas zu ändern vermag. Ältere Teenager sind häufig weniger politisch, dafür aber zynischer als ihre jüngeren Brüder und

Schwestern. Trotzdem sind die Bilder da, und es wäre ein Wunder, wenn wir inzwischen nicht alle immun dagegen wären, so oft werden wir damit konfrontiert. Auf jeden Fall hat irgend etwas vielen Teenagern die Scheu vor der Gewalt genommen. Sie finden sie annehmbar und manchmal sogar aufregend.

Eines der wichtigsten Hobbies in diesem Alter sind Prügeleien. Der Grund kann privater Natur sein – »Er hat mich bei meinem Alten angeschwärzt, oder nicht? Er hat mich angesehen, oder? Ich mag ihn einfach nicht, klar?« – oder die Clique betreffen. Bandenkriege haben für gewöhnlich damit zu tun, was die Leute anziehen und welche Musik sie angeblich mögen. Oder es geht einfach nur um ihr Territorium, wobei eine bestimmte Straße von Jugendlichen anderer Straßen nicht betreten werden darf. Natürlich ist das Kämpfen so alt wie das Testosteron selbst, aber früher war es die letzte Zuflucht, vor allem für Leute, die wortgewandt genug waren, um zu streiten, oder intelligent genug, um einfach zu gehen. Heute überspringt das Kämpfen alle Klassen- und Bildungsschranken. Mittelklasseteenies aus gutem Elternhaus und guten Schulen gehen samstagabends aus und suchen Streit.

Eltern von Teenagern sollten mal rausgehen und sich die Pubs und Clubs und Straßen ansehen, in denen sich ihre Kinder herumtreiben. Zu Fuß. Wenn man im Volvo vorbeirauscht, ist das längst nicht dasselbe. Man spürt plötzlich die Aggression in der Luft. Es wird getrunken, der Lärm erstickt jede Konversation, die Musik ist aggressiv. All das weckt den Wunsch, etwas zu *tun*. Bei den über Fünfundzwanzigjährigen weckt es vor allem den Wunsch, sich rasch zu verdrücken.

Diese Atmosphäre gehört heute zum normalen Leben eines Teenagers, und nicht nur bei Jungen. Mädchen kämpfen mit Mädchen, Mädchen werden von Jungen geschlagen, aber manche Mädchen fühlen sich auch von Jungs angezogen, die schon ein paar Skalps gesammelt haben. Die Gangsterbraut ist wieder in Mode und bereitet sich im Reihenhaus vergnügt auf ihre Abiturprüfung vor. Als ich einmal unschuldige Fragen bezüglich einer Messerstecherei in einer Kneipe um die Ecke stellte und laut überlegte, ob Messer jetzt zur Grundausstattung gehörten, wenn man samstags ausgehen wollte, wurde mir erklärt: »Nur, wenn's wirklich Zoff gibt.« Und woher wissen die das? Kein Problem. Zoff wird normalerweise geplant und bewußt angezettelt. Das macht die Runde, und genauso ist es mit Angst und Aufregung. Es fängt an wie ein Ritual zum Dampfablassen, nur haben wir es hier nicht mit einem Kriegstanz am Lagerfeuer zu tun. Das hier ist das wahre Leben! Köpfe und Nieren werden gestiefelt. Gesichter werden zerschlagen. Und wenn die Geschichten vom Kampf später erzählt werden, mischt sich unter das angebliche Entsetzen Erregung, und die Augen beginnen zu leuchten.

Was kann man in den 90ern auch tun, um einen Kick zu bekommen? Die Menschen können nicht einfach in einer Karavelle davonsegeln und ausprobieren, ob man wirklich über den Rand der Welt fällt. Sie können auch nicht zu einer Afrikadurchquerung aufbrechen, weil sie unterwegs Hunderten von Pauschaltouristen über den Weg laufen würden. Es ist für uns heute einfach unmöglich, die Elemente oder das Schicksal herauszufordern, ohne daß sofort jemand zu unserer Rettung herbeistürzt, und anschließend wartet schon jemand darauf, uns mit guten Ratschlägen zu überschütten. Man kann zwar das gefährliche Leben eines Alten, Kranken oder Einsamen führen, aber keine unvernünftigen Abenteuer mehr bestehen. Lebte Dr. Livingstone heute, dann würde er seine Wochenenden wahrscheinlich beim Bungee-Springen verbringen.

Teenager brauchen das Risiko, aber das Gefühl für wirklich Riskantes ist bei ihnen sehr unterentwickelt. In diesem Alter entwickelt man ein Gefühl für die eigene Sterblichkeit, aber man interessiert sich auch für Zeit und Raum und den Grund unseres Daseins. Man will spüren, daß man lebt, und nichts hält einen zurück, wie in späteren Jahren – keine Kinder, die aufgezogen werden müssen, keine alten Eltern, für die gesorgt werden muß, keine unbezahlten Rechnungen. Wie alles andere lernt man auch den Umgang mit dem Risiko am besten, wenn man es eingeht, aber die Kinder im Westen dürfen das Nest nur an der langen Leine verlassen.

Einige suchen sich ihren Kick in dem, was sie bekommen können, als da sind Drogen, Kriminalität, Sex und Geschwindigkeit – auf zwei oder vier Rädern. Und für einige von ihnen geht es dabei nicht nur um den Wunsch, sich lebendig zu fühlen. Sie wollen mehr – sie wollen gerettet werden. Es ist wichtig, daß Eltern den Unterschied erkennen zwischen einem Teenager, der sich zu behütet fühlt, und einem, der Angst vor der neuen Unabhängigkeit hat. Beide müssen üben, Risiken einzugehen, aber diejenigen, die sich von einem gefährlichen Abenteuer ins nächste stürzen, brauchen besondere Hilfe. Sie müssen begreifen, daß sie zwar über alle Maßen geliebt und geschätzt werden, daß aber jedes Sicherheitsnetz seinen Schwachpunkt hat.

Bei all den emotionalen Umwälzungen, denen sich ein Teenager gegenübersieht, gibt es grundlegende, vielfach erprobte Mittel und Wege der Unterstützung. Auch wenn ein Teenie versucht, sich möglichst ausgeflippt zu geben und sich von der Familie abzusondern, wird er doch heimlich dankbar sein, wenn es zu Hause eine gewisse Regelmäßigkeit gibt – Essenszeiten, feste Gewohnheiten, kleine Arbeiten, die er erledigen muß. Das bedeutet nicht, daß Mama nun ständig in ihrer Blümchenschürze rumlaufen muß. Ich spreche hier von einem Rahmen, den auch Tausende berufstätiger Eltern abstecken, und zwar ausgesprochen erfolgreich. Nicht das Bewußtsein, daß das Abendessen um punkt sechs Uhr auf dem Tisch steht, tröstet einen Teenager, sondern das Wissen, daß seine Eltern irgendwann im Laufe des Abends mit ihm sprechen wollen, am liebsten beim Essen, und daß man von ihm erwartet, daß er das ermöglicht.

Von den vielen Teenagern, die sich zu meinem ziemlich konservativen Haushalt hingezogen fühlten, haben mich diejenigen am meisten überrascht, die antiautoritär erzogen worden waren. Ihre eigenen Eltern ließen ihnen zwar jegliche Freiheit, sie versicherten aber, daß sie sich gern bei einer Familie aufhielten, wo zum Abendbrot jeder anwesend ist, der nicht gerade einer sehr wichtigen Verpflichtung nachkommt, und wo auch die Sperrstunde noch respektiert wird. Wie es scheint, sind sogar Kerle mit Irokesen-Schnitt glücklicher, wenn sie wissen, daß sie nicht alles tun dürfen.

Eltern müssen ihren Kindern Grenzen setzen, müssen ihnen aber auch zeigen, daß es Sicherheitsventile gibt. Zu den heilsamsten Dingen, zu denen ein mürrischer Teenager oder ein Elternteil greifen kann, gehört das Verschwinden – zu einem langen Spaziergang oder zu einer Radtour. Die Eltern müssen ihre Kinder auch ermutigen, Risiken einzugehen. Das bedeutet, sie müssen ihnen das Bergsteigen oder Tauchen erlauben. Es bedeutet, mit halb ernstem, halb fröhlichem Gesicht zuzusehen, wenn sich die Tochter verliebt oder plötzlich doch nicht mehr Tierärztin werden will.

Das kostbarste, was Eltern ihrem Kind schenken können, ist Anerkennung. Sie ist mehr wert als Geld, mehr wert als eine Reise nach Disneyland oder der Zündschlüssel für den Wagen der Eltern. Anerkennung ist etwas, wonach wir uns alle sehnen, und gerade Teenager hungern danach. Es ist verdammt leicht, einen Teenager zu ertappen, der etwas Selbstsüchtiges oder Gefährliches tut. Klug ist es, ihn zu erwischen, wenn er was Richtiges tut.

Wir sind jederzeit bereit, ihnen zu erklären, wie unordentlich, laut und unzuverlässig sie sind, aber einen Teenager festzuhalten und ihm zu sagen, wie stolz wir auf etwas sind, was er getan hat, erscheint uns merkwürdig. Wenn Sie es tun, wird es mit größter Freude vernommen. Sie wissen doch, wie *Sie* sich fühlen, wenn jemand erkennt, daß Sie sich besonders klug oder tapfer verhalten haben. Jetzt stellen Sie sich einmal vor, Sie wären ein fauler, pickliger, unzivilisierter Klotz, und jemand würde Ihnen sagen, Sie hätten etwas gut gemacht. Oder noch besser: Sie *wären* echt gut.

# Das schlimme Wort mit »D«

## *Teenager und Drogen*

Eltern haben immer Angst um ihre Kinder. Solange unser Kind noch klein ist, kämpfen wir ständig mit einer ganzen Kompanie von Gespenstern. Wir wissen, daß unser Kind verletzlich und die Welt schlecht ist, und deshalb passen wir genau auf. Dann wächst unsere Tochter heran und verschwindet um eine Ecke, und wir können sie nicht mehr sehen.

Wenn es etwas gibt, was Eltern garantiert Angst macht, dann sind das Drogen. Wir wissen, daß es das Zeug überall und in Mengen gibt. Wir wissen, daß viele Leute geschworen haben, einen Feldzug dagegen zu führen, und wir kennen andere Leute, die ihnen erklären, sie könnten dabei keinen Erfolg haben. Ein paar von uns haben vielleicht schon eine Drogentragödie beobachtet. Und viele von uns hatten persönlichen Kontakt mit der Drogenszene der sechziger Jahre. Wir wissen genug, um nicht hysterisch zu werden, aber gleichzeitig auch zuviel, um wirklich ruhig zu bleiben.

Wie gefährlich sind Drogen? Ehe wir versuchen, diese Frage zu beantworten, sollten wir uns darüber klar werden, worüber wir reden. Was meinen Sie mit Drogen? Etwas, das gespritzt, geschnupft oder geschluckt werden kann? Etwas Ungesetzliches? Etwas, das ein anderer auf Rezept erhält? Oder etwas, was Ihre Tante Joyce im Wohnzimmerschrank aufbewahrt? Die Welt ist voll von bewußtseinsverändernden Substanzen. Manche verurteilen wir, andere finden wir hochattraktiv.

Ich werde Ihnen sagen, was ich persönlich unter Drogen verstehe. Sie sind vielleicht anderer Meinung. Aber so wissen wir wenigstens von Anfang an, wo wir nicht einer Meinung sind.

Ich meine LSD, Kokain, Narkotika, Speed und Ecstasy und die ganzen Amphetamine. Ich meine Lösungsmittel und Marihuana, Tabak und Alkohol und alles andere, was Menschen schnupfen können und wofür sie ihr letztes Hemd verkaufen würden. Ich werfe alle, ohne Ausnahme, in einen Sack, weil wir jede einzelne davon nehmen, um uns besser zu fühlen. Bloß werden einige von unserer Gesellschaft akzeptiert, die anderen eindeutig nicht.

Das Kriterium der Legalität reicht vielen Eltern aus, und das kann man verstehen. Eine rechtskräftige Verurteilung ist ein Handicap und haftet einem Menschen oft ein Leben lang an. Teenagern fehlt häufig der Weitblick, um das zu erkennen. Weitblick ist in diesem Alter noch nicht sehr stark entwickelt. Deshalb ist es nur recht und billig, wenn Eltern verzweifelt versuchen, ihre Kinder so weit wie möglich von jeglicher Kriminalität fortzusteuern. Das Problem ist, daß man Gesetze nicht immer leicht verteidigen kann. Sie sind eine Mischung aus erprobten, vernünftigen Regeln, uralten, längst vergessenen Machtkämpfen und reaktionärem Unsinn. Und wenn ein Teenager auch die Voraussicht eines Flohs hat – seine Antennen für reaktionären Unsinn sind weit ausgefahren. Ehe Sie sich deshalb auf einen Anti-Drogen-Kreuzzug mit Ihren Kindern einlassen, müssen Sie sich ganz klar darüber sein, wo Sie stehen, und zwar nicht nur beim Heroin. Ihr Valium und Ihre Zigaretten geben auch eine perfekte Zielscheibe ab, ebenso wie Ihr wöchentliches Quantum an Wodka. Spontaneität kann im Umgang mit Teenagern eine wunderbare Eigenschaft sein, aber wenn es um Drogen geht, sollte man immer gründlichst nachdenken, ehe man den Mund aufmacht.

Unsere größte Angst ist die, daß eines unserer Kinder etwas nehmen und in einem Leichensack enden könnte. Unsere zweitgrößte Sorge ist, daß das Kind vorher zu einer dieser Schattengestalten wird, wie wir sie immer in den Zeitungen sehen, zu einem Junkie.

In unseren Alpträumen sehen wir eine schwarzweiße Welt aus Junkies und Nicht-Junkies, und eigentlich wissen wir nicht recht, was sie unterscheidet. Mutterliebe, Vaterliebe, eiserne Disziplin, warmes Frühstück? Nichts davon verheißt den hundertprozentigen Schutz, den wir uns für unsere 1,80 m großen Babies wünschen. Wir schenken uns noch ein Glas ein und machen unserer schlechten Laune Luft, indem wir auf Kokainkönige, Drogenhändler und die wachsende Menge von pharmakologischem Mist schimpfen, die das Abendland bedrohen. So steht es jedenfalls in der Sonntagszeitung.

Daß es im allgemeinen vielleicht gar nicht so schlimm ist, tröstet uns wenig, denn jeden von uns interessiert natürlich vor allem die Gefahr für die eigenen Kinder. Das heuchlerische Gerede der Leute, die selbst jeden Abend in brauereigesponsorten Tabakhöhlen herumhängen, nutzt wenig. Wenn wir unsere Kinder schon nicht davon abhalten können, bestimmte Dinge auszuprobieren, dann sollten wir wenigstens lernen, mit ihren Versuchen zu leben und den Schaden so klein wie möglich zu halten.

Wenn wir Alkohol und Nikotin mit in unsere Liste aufnehmen, finden wir in der ganzen Welt wohl kaum eine Kultur, in der es keine sanktionierte Droge gibt. Alkohol gehört zu den wichtigsten Konsumgütern unserer modernen, westlichen Zivilisation. Die meisten von uns sehen darin einen wichtigen Bestandteil des geselligen Lebens, und manche »Kenner« haben eine ganze Sprache entwickelt, um ihn zu preisen. Es gibt viele Menschen auf der Welt, die unsere Abhängigkeit von dieser Droge bedauern. Andere Zeiten, andere Sitten. Heutzutage ist es kaum noch zu glauben, daß Zigaretten einmal ein Zeichen von Weltläufigkeit waren und daß Mr. Gladstone gern Laudanum zu sich nahm, ehe er eine Rede hielt.

Wenn unsere Teenager abends ausgehen, brauchen sie (genau, wie die meisten Erwachsenen) etwas, woran sie sich festhalten können. Am häufigsten sind das Alkohol, Tabak, Marihuana und Amphetamine. Die von ihnen getroffene Wahl entscheidet darüber, ob es ihnen gut oder schlecht geht, ob sie fahrtüchtig oder lebenstüchtig sind, ob sie eine rechtskräftige Verurteilung riskieren oder nicht.

Die Tatsachen fügen sich leicht zusammen. Fast jeder hat schon einmal einen Bericht über die langfristigen Auswirkungen von Alkohol und Tabak gelesen, und die meisten haben daran geglaubt. Auch über Pot, Hasch, Marihuana, Cannabis oder wie immer Sie es nennen wollen, gibt es Berichte, sowohl von den ergebenen Anwendern, die seine guten Kräfte preisen, als auch von denjenigen, die es ablehnen und darin eine Abkürzung auf dem Weg zur Opiumhöhle sehen. Es macht nicht leicht abhängig, aber es beeinträchtigt das Urteilsvermögen, und heutzutage wird eine Menge gepanschtes Zeug verkauft. Was Amphetamine und Ecstasy angeht, so ändert sich die Szene ständig. Das sind die Tanzdrogen, die Designerdrogen, die neuen Namen und die leicht abgewandelten Pharma-Produkte, die auf jeder neuen Modewelle daherkommen. Ihre Auswirkungen sind unberechenbar. Am selben Abend noch kann Sie runterziehen, was Sie eigentlich aufputschen sollte. Und auf lange Sicht? Niemand hat sie so lange genommen, daß man das sagen könnte.

Die Zeitungen sind voll vom Kampfgeschwätz der Politiker, von Geschichten persönlicher Tragödien und schrecklichen Warnungen, die uns aus Amerika erreichen. Das muß auch so sein. Schließlich: Gute Nachrichten sind keine Nachrichten. Das sollten

Eltern nie vergessen. Wenn die Angst Sie nachts wachhält, sollten Sie daran denken, daß Tausende von Teenagern Dinge ausprobieren und dann einfach weiterleben, daß Tausende von Leuten allen Alters glücklich und produktiv leben, und vor allen Dingen, daß wir alle keine hilflosen Opfer einer internationalen Verschwörung sind. Wir alle wählen unser eigenes Gift, sogar unsere Kinder, die früher so unschuldig gespielt haben. Ist das wirklich schon so lange her?

Zuerst probieren sie die Sachen nur aus Neugier. Der Druck durch die Freunde spielt zwar auch eine Rolle, aber nur eine untergeordnete. Ein Teenager, der nicht genau weiß, wie man einen Joint raucht, hat mehr Angst davor, sich damit lächerlich zu machen, daß er es falsch macht, als damit, daß er es ablehnt. Später wird es dann eine Frage von Geld und Geschmack. Sie werden erstaunt sein, wie gut Teenager planen und sparen können, wenn sie etwas finden, was ihnen gefällt. Die Tochter, die nie eine saubere Strumpfhose oder Taxigeld hat, kann anscheinend mühelos 100 Mark für bewußtseinsverändernde Drogen auftreiben.

Wir bilden uns immer ein, daß unsere Kinder in dunklen Gassen bedrängt werden; wir sehen vor uns, wie sie gefesselt und geknebelt und gewaltsam mit Narkotika vollgestopft werden, bis sie nicht mehr sie selbst sind. In Wirklichkeit ist es viel banaler. Sie kaufen, was sie wollen oder was sie sich leisten können, und meistens kaufen sie es von Leuten, die sie kennen. Aber weil wir uns innerlich selbst die Schuld geben – mein Kind wäre nicht abhängig geworden, wenn ich es gestillt hätte, wenn ich es auf eine bessere Schule geschickt hätte, wenn ich seine Fingermalerei mehr bewundert hätte –, sind wir natürlich dankbar für einen Buhmann.

Auf lange Sicht gesehen kann es zwar sein, daß die

Taten eines kolumbianischen Drogenbosses Auswirkungen auf Ihre Familie haben, aber es wäre reine Zeitverschwendung, auf ihn zu schimpfen. Außerdem gibt es Buhmänner, die uns viel näher sind: »richtige« Männer, die zuviel Bier trinken und sich dann hinters Steuer ihres Autos klemmen. Beim Kokain haben wir alle eine Chance, die uns ein betrunkener Fahrer nicht einräumt. Wir können Nein sagen.

Die ersten Kampagnen gegen den Drogenmißbrauch erreichten ihr Ziel nicht: Sie sollten Drogenabhängige und potentielle Süchtige vor Angst erstarren lassen und dafür sorgen, daß Eltern Angst hatten und sich nicht trauten, ihre Kinder auch nur für einen Moment aus den Augen zu lassen. Aber selbst die phantasievollsten Teenager hatten Mühe, in den menschlichen Wracks in den Anzeigen sich selbst zu erkennen. Jemand, der gelegentlich eine Hasch-Zigarette geraucht hat, fühlte sich von diesen Bildern von Heroinsüchtigen ebenso weit entfernt wie der sherrynippende Onkel. Und das war auch vernünftig. Trotz aller düsteren Warnungen lernen die meisten von uns zum Glück nie jemanden kennen, der vom Heroin zerstört wurde.

Oder vielleicht kennen wir sogar Heroinabhängige und wissen es gar nicht. Indem sie uns mit den schlimmsten Bildern konfrontiert haben, die sie finden konnten, haben uns die Behörden das Gefühl gegeben, daß wir mit alledem nichts zu tun haben. Schocktaktiken gehen oft daneben.

Diese Lektion haben mittlerweile alle begriffen, und heute, wo es um Aids geht, konzentriert man sich auf die Schadensbegrenzung. Als Eltern können wir vernünftigerweise diesem Beispiel nur folgen. Auch wenn wir am liebsten sagen würden: »Wenn du eine verbotene Substanz auch nur ansiehst, sperre ich dich in deinem Zimmer ein, bis du dreißig bist.« Wir können unsere Kinder nicht einsperren, mit dreißig nicht, aber auch nicht mit dreizehn. Trotzdem können wir etwas tun.

Vor allem müssen wir auf dem laufenden bleiben. Das heißt, wir müssen uns Dinge anhören, die wir lieber nicht hören würden. Ich möchte, daß meine Kinder gesund bleiben, daß sie das Gesetz nicht übertreten, und wenn es nach meinen Wünschen gehen würde, dann würden sie ein erfülltes Leben führen, ohne jemals ein Risiko einzugehen. Wie die Dinge stehen, gebe ich mich schon mit der Gesundheit zufrieden. Es gibt sicher viele Menschen, die niemals, unter keinen Umständen, irgendwelche bewußtseinsverändernde Drogen ausprobieren würden. Ein, zwei von ihnen sind vielleicht auch mit mir verwandt. Aber ich gehe davon aus, daß meine Kinder Zugang zu den meisten Dingen und mit einigen auch persönliche Erfahrung haben.

Es ist eine reizvolle Vorstellung, daß Stephen Stoff nicht probieren wird, weil er immer ein braver Junge gewesen ist und auch sein silbernes Sportabzeichen gemacht hat. Aber was ist, wenn er anfängt, sich für Mädchen zu interessieren, oder für Automotoren, und wenn er sich einem neuen Freundeskreis anschließt? Sie glauben vielleicht, er wäre in schlechte Gesellschaft geraten. Und wenn das, was Sie für schlechte Gesellschaft halten, in seinen Augen gute Gesellschaft ist, wird es schwer, miteinander zu reden. Aber das müssen Sie, und zwar möglichst ohne: »Wie konntest du ...«, und: »Es ist dir natürlich klar, daß du deinem Vater das Herz gebrochen hast ...« Sie müssen ein paar neutrale Themen bewahren, bei denen es nicht um die Wahl seiner Freunde geht, denn wenn sich erst Schweigen über die Familie senkt, haben Sie ein echtes Problem.

Als einer meiner Teenies den ganzen August mit einer Clique stumpfsinniger Typen in schwarzem Heavy-Metal-Outfit im Park hockte, kochte ich förmlich vor Wut. All diese Stecker in den Nasen. Die sprachlose Rumhockerei, die stumpfen, ausdruckslosen Gesichter. Die teilten sich bestimmt nicht bloß Schokolade. Ich wollte sie weder in meinem Haus haben noch in meinem Leben, aber ich hätte gern gewußt, was sie so vorhatten, bloß wollte mir das niemand verraten.

Es dauerte lange – eher Jahre als Monate –, bis ich mich wieder so weit entspannt hatte, daß überhaupt jemand glaubte, man könnte mir etwas erzählen. Ich mußte meine Alles-oder-Nichts-Einstellung aufgeben, nach der mein Kind entweder überhaupt nichts mit Drogen zu tun hatte oder unmittelbar vor dem »Goldenen Schuß« stand. Kaum ließ ich locker, informierte man mich freiwillig. Wer was probiert hatte, woher sie es bekamen, was es kostete, und wie sie das Gleichgewicht zwischen Risiko und Vergnügen zu halten versuchten.

Das Vergnügen ist wichtig. Unsere Kinder probieren Drogen auf der Suche nach Lust, Spaß und Vergnügen, und wenn sie weitermachen, dann deshalb, weil sie es gefunden haben. Unsere Kinder sind weder krank noch geistesgestört. Sie treffen einfach nur ihre Wahl als Verbraucher. Dummerweise befinden sie sich dabei auf der falschen Seite des Gesetzes.

Der Druck durch die Kumpel ist nur noch der Rest. Drogen gehören fast genauso zum Gesellschaftsleben der Teenies, wie der Alkohol zum Leben der Eltern. Wenn sie mit Menschen zusammen sind, die scheinbar gute Erfahrungen mit Drogen gemacht haben, dann ziehen sie mit. Wenn sie etwas beobachten, was sie erschreckt, wenn sie zusehen, wie jemand in der Schule nachläßt oder Freunde verliert, dann reagieren sie wie jeder andere – sie kriegen Angst und ziehen sich zurück, jedenfalls eine Zeitlang. In jedem Falle treffen sie eine Wahl. Und das ist der springende Punkt.

Wenn Sie vermuten, daß Ihr Kind Drogen nimmt, dann müssen Sie sich vor allem an eines erinnern, wenn die Wogen der Panik über Ihrem Kopf zusammenschlagen: Experimente führen nicht immer zur Abhängigkeit, aber falls Ihr Kind süchtig wird, ist Heilung möglich.

Drogenmißbrauch verrät sich vor allem im Verhalten: plötzlicher Stimmungsumschwung, schlechtes Konzentrationsvermögen, gestörtes Schlafverhalten, Apathie, Gedächtnisverlust, und wenn es eine teure Sucht ist, Lügen und Diebstahl. Auch Gewichtsverlust ist häufig, ebenso wie die deutlichen, körperlichen Anzeichen: Einstichspuren oder das ständige Tragen langer Ärmel, um eben diese Einstiche zu verbergen, oder die ewig wunde, ständig laufende Nase bei jemandem, der Kokain schnupft. Auch nach den Accessoires, die für bestimmte Drogen nötig sind, sollten Sie Ausschau halten: Silberpapier, Zigarettenpapier und die winzigen Papier- und Plastiktütchen, in die manche Drogen verpackt sind.

Sollte es sich herausstellen, daß Ihr Kind Drogen nimmt und Probleme hat, dann haben Sie eine schmerzliche Zeit vor sich. Zusätzlich zu all Ihrer Angst, Wut und Ihrem schlechten Gewissen müssen Sie akzeptieren, daß Sie keine Kontrolle darüber haben, was nun passiert. Süchtige brechen ihr Tun nicht ab, bloß weil jemand ein paar ernste Worte mit ihnen spricht. Sie sagen, daß sie aufhören, sie geben alle möglichen, wertlosen Versprechen ab, denn sie wollen ja Zuwendung, aber immer wieder fallen sie in ihre alte Gewohnheit zurück. Ein Süchtiger hört erst dann auf, wenn er persönlich zu dem Schluß gekommen ist, daß seine Sucht ihm mehr Ärger und Kummer bringt als Vergnügen.

So kommt es, daß Eltern, die versuchen, das Leiden ihres Teenagers zu erleichtern, ihn häufig in seinen Versuchen behindern, gesund zu werden. Das Kind muß die verheerenden Folgen seiner Sucht am eigenen Leib spüren, sonst fehlt das Motiv aufzuhören. Dazu gehört auch, daß die Eltern ihre Rettungsversuche einstellen. In der Welt des Entzugs ist das unter dem Ausdruck *tough love* (harte Liebe) bekannt. Eine treffende Bezeichnung.

Familien können diese harte Liebe auf verschiedenste Art sabotieren. Sie können Geschenke kaufen, Katastrophen ausbügeln, den Süchtigen von einem Experten zum nächsten chauffieren. Ein Süchtiger, der beschließt, aufzuhören, braucht Hilfe, aber er muß darum bitten. Erst dann kann der Heilungsprozeß wirklich beginnen, für gewöhnlich unter der Anleitung erfahrener Helfer. Entzugserscheinungen variieren je nach Suchtmittel. Die schwierigsten Fälle, bei denen der Entzug unter medizinischer Aufsicht stattfinden muß, sind die Folge von Substanzen, von denen Teenager nur selten abhängig werden – Barbiturate und Alkohol. Der Entzug von Heroin, der für gewöhnlich in den düstersten, alptraumhaften Bildern geschildert wird, ist – wenn der Süchtige wirklich will – nicht viel schlimmer als eine schwere Magen-Darm-Erkrankung. Die Überwachung besteht dabei nur darin, daß der Süchtige gehindert werden muß, sich neuen Stoff zu kaufen. In der ganzen Zeit ist es wichtig, daß der Rest der Familie körperlich und geistig gesund bleibt, indem er sich emotional ein Stück weit zurückzieht. Jeder muß auf sich selbst achten. Denn vor allem jüngere Geschwister werden häufig vernachlässigt, wenn jemand mit einem Drogenproblem im Mittelpunkt steht. Die – eingebildete oder tatsächliche – gesellschaftliche Ausgrenzung der Familie eines Drogensüchtigen läßt sich dadurch begrenzen, daß man sich einer Selbsthilfegruppe anschließt. Dort kann man mit anderen Familien sprechen, die selbst auch wissen, was man gerade durchmacht.

Zu den härtesten Prüfungen für Eltern gehört es zuzulassen, daß ein Kind seine eigene Wahl trifft. Zu wissen, wann Sie das Sicherheitsnetz fortnehmen können, verlangt perfektes Timing und Nerven wie Drahtseile. Den meisten von uns gelingt das sehr gut. Aber dann, gerade wenn wir glauben, wirklich losgelassen zu haben, stellen wir fest, daß wir nicht wollen, daß unsere Kinder irgendeine Wahl treffen. Wir wollen, daß sie die Wahl treffen, die wir getroffen hätten.

Das können Sie Ihren Teenagern gegenüber ruhig zugeben. Sie können eigentlich alles zugeben, Ihre dümmsten Ängste, Ihre schlimmsten Phantasien in den buntesten Farben, solange Sie es richtig sagen. Wenn Sie sagen: »Ich stelle mir vor, du könntest LSD nehmen, einen Horrortrip haben, ein weiches Gehirn bekommen und nie wieder derselbe sein – dabei mag ich dich so, wie du bist«, dann ist das in Ordnung. Aber wenn Sie sagen: »Du endest noch wie dein Onkel Jim«, bringt das überhaupt nichts.

Letzten Endes geben die meisten Teenager, die irgendwann mit Pillen und Pulver herumspielen, das irgendwann wieder auf. Sie übernehmen Verantwortung, gehen Verpflichtungen ein und beschränken sich auf Alkohol und Zigaretten. Sie sind erst fünfzehn und haben das Gefühl, sie könnten sich nur richtig entspannen, wenn sie ein, zwei Drinks intus haben. Nicht schwer zu begreifen, woher sie das haben.

Beim Biertrinken hat sich kaum etwas verändert – Mädchen und Jungen trinken zuviel, weil sie als erwachsen gelten wollen, und am Ende dreht sich alles um sie. Viel besorgniserregender ist das Trinken von Schnaps, besonders wenn es Mädchen tun, die dadurch mondän wirken wollen. Früher hielt viele noch der schlechte Geschmack zurück, aber heutzutage gibt es Designerdrinks, die so leicht rutschen, daß man gar nicht merkt, daß man was getrunken hat – bis man aufzustehen versucht.

Die Art des Trinkens, mit der ein Kind aufgewachsen ist, hat nur wenig Einfluß auf die Entwicklung seiner Trinkgewohnheiten als Teenager. Abstinenzler, Weintrinker und Eltern, die allabendlich in die Kneipe an der Ecke gehen, scheinen ausnahmslos Kinder hervorzubringen, die eine Phase durchmachen, in der es ohne Apfelwein und Bier nicht mehr geht. Das finden vor allem die Eltern schlimm, die ihren Kindern erlaubt haben, beim gemeinsamen Essen ein wenig Wein zu probieren. Sie hatten sich alles so schön gedacht. Das Kind sollte mit Alkohol in sicherer Umgebung und Menge bekannt gemacht werden. Das sinnliche Vergnügen des Trinkens sollte unterstrichen, das enthaltene Gift heruntergespielt werden. Und nun müssen sie ungläubig mit ansehen, wie ihr Kind grün im Gesicht und auf wackligen Knien heimschleicht. Risiken einzugehen gehört zum Erwachsenwerden, und abwechselnd Bier aus Uruguay und Cola-Rum zu trinken scheint keine schlechtere Methode als alle anderen.

Von allen Stoffen, mit denen Teenager herumspielen, ist Tabak wohl derjenige, der am dauerhaftesten bleibt. Zigaretten sind legal und erschwinglich, machen hochgradig süchtig, und weil Raucher die Gesellschaft anderer Raucher suchen, werden sie zur Währung und zum gesellschaftlichen Requisit. Vorbeugen ist eindeutig besser als Heilen, und vielen Eltern gelingt es, ihre Kinder von Zigaretten fernzuhalten, indem sie ihnen Geld oder sogar ein Auto versprechen, wenn sie es schaffen, bis zu ihrem einundzwanzigsten Geburtstag nicht zu rauchen. Nach dem einundzwanzigsten Lebensjahr fangen wohl nur noch die wenigsten an zu rauchen. Verzögerungstaktiken lohnen sich also, selbst wenn sie förmlich nach Bestechung stinken.

Wenn die Teenagerexperimente abgeschlossen sind, werden sich die meisten unserer Kinder auf das gelegentliche Glas Gin-Tonic beschränken, und ein paar werden außerdem rauchen. Jedes Jahr sterben fünfhundertmal so viele Menschen an den Folgen von Alkohol und Zigaretten wie am Mißbrauch von Drogen. Daran sollten wir denken, wenn die Drogendebatten zu hitzig werden, wenn von einer Seuche die Rede ist und von der Zerstörung einer ganzen Generation.

### *Die Drogenszene*
### *Wie die Dinge heißen, und wie sie wirken*

*Cannabis,* auch als *Pot, Marihuana, Hasch, Dope, Ganja, Gras,* bekannt

Meistens sieht man das Cannabisharz, das ein bißchen wie Schokolade aussieht. Für gewöhnlich mischt man es mit Tabak und rollt es zu einer Zigarette, Joint genannt, die man raucht. Kann auch gekaut werden. Unreines Haschisch kommt immer häufiger auf den Markt. Es ist beliebt, aber illegal, sein eigenes Haschisch anzubauen.

Haschisch macht kaum süchtig, ist jedoch als Einstieg zu anderen Drogen sehr verbreitet. Wirkt kaum, wenn es nicht tief inhaliert wird, und das muß man erst lernen. Die Wirkung ähnelt der des Alkohols: Euphorie, beeinträchtigtes Urteilsvermögen, Benommenheit. Nimmt man es regelmäßig, muß die Dosis immer größer sein. Man vermutet, daß es zu chronischen, psychischen Veränderungen führt, wenn man große Mengen zu sich nimmt. Die meisten rauchen es jedoch nur gelegentlich.

*Amphetamine*, auch *Speed*, *Uppers*, *French Blues*, *Dexidrin*

Hauptsächlich Pillen. Machen euphorisch, unruhig und verleihen das Gefühl, unschlagbar zu sein. Werden gerne auf Parties genommen, die die ganze Nacht über dauern. Hunger und Müdigkeit werden ebenso unterdrückt wie die Widerstandsfähigkeit Infektionen gegenüber. Sie machen nicht *körperlich* abhängig, aber wenn man auf Wolken schwebt, muß man irgendwann wieder zur Erde herabkommen. Depressionen, Hunger und Müdigkeit sind häufige Folgen des Amphetamin-Mißbrauchs. Regelmäßige Einnahme kann zu Halluzinationen und Paranoia führen.

*LSD*, auch *Acid*, *Trip*, *Blotter*, *Smiley*, *Magic Mushrooms (psychocedine Pilze)*

Ein starkes Halluzinogen. Nur wenige probieren es mehr als einmal. Normalerweise nimmt man es von einem winzigen Stückchen Löschpapier direkt auf die Zunge. Auch *Zauberpilze*, die gekocht und gegessen werden können. Oder man weicht sie in Wasser ein und trinkt diese Flüssigkeit später. Die Wirkung ist unberechenbar und dramatisch. Blutdruck, Herzschlag und Atmung sind betroffen, die Wahrnehmung verändert sich auf angenehme oder schreckliche Weise. Häufig haben die Anwender noch nach langer Zeit *Flashbacks*.

*Ecstasy*, auch als *XTC* bekannt.

Eine Amphetamin-Komponente, die als Halluzinogen wirkt. Pillen. Verursacht Schlaflosigkeit, Stolpern, Austrocknung.

*Wizz*

Ein Amphetamin in Pulverform. Kann geschnupft oder in Drinks gerührt werden, oder wird beim Küssen von einer Zunge auf die andere übertragen. Ruft einen dramatischen Höhenflug hervor, dem häufig ein ebenso dramatischer Absturz folgt.

*PCP,* auch bekannt als *Angel Dust, Super Gras, Rocket Fuel*

Wird als Pulver oder in Kapseln verkauft oder zum Rauchen mit Cannabis gemischt. Ruft ein Trunkenheitsgefühl hervor, aber auch – und zwar unberechenbar – Benommenheit, Paranoia, dauerhaften Gedächtnisverlust, Lähmungen und Koma.

*Lösungsmittel.* Auch *Klebstoff, Farben, Leichtbenzin*

Wird hauptsächlich von jungen Teenagern benutzt. Wird direkt aus dem Behälter oder aus Plastiktüten geschnüffelt. Wirkt als Beruhigungsmittel – auf die Vergiftung folgen eingeschränkte Koordination und Urteilsvermögen – und als Halluzinogen. Nimmt man es über lange Zeit und in großen Mengen, riskiert man Abhängigkeit. Das größere Risiko ist jedoch der Tod durch Ersticken. Warnende Anzeichen: Atem riecht nach Lösungsmittel, Nasenbluten, wunde Stellen um Mund und Nase, Gewichtsverlust.

*Kokain,* auch *Koks, Schnee, Crack, Freebase (Kokainbase)*

Ruft einen Anfall von Euphorie hervor, auf den schnell eine depressive Stimmung folgt. Keine *körperliche* Abhängigkeit. Die psychische Abhängigkeit tritt jedoch sehr schnell ein, man wird in hohem Maße abhängig, wobei die Dosen immer häufiger eingenommen werden, um dem *Tief* zu entkommen.

Das Pulver wird normalerweise geschnupft. Freebase ist eine Form des Kokains, die nach chemischer Bearbeitung auch geraucht werden kann. In dem Fall tritt die Wirkung schneller und intensiver ein. Da zur Herstellung von Freebase Lösungsmittel verwendet werden, besteht die Gefahr der Lungenschädigung und der schnellen Abhängigkeit. Crack ist eine billigere, rauchbare Form von Kokain. Es wirkt schnell und macht hochgradig süchtig.

Andere körperliche Gefahren sind die plötzliche dramatische Zu- und Abnahme des Blutdrucks, die beide tödlich sein können, Paranoia, Halluzinationen, und – wenn das Pulver geschnupft wird – die allmähliche Zerstörung der Nasenscheidewand.

*Heroin*, auch *Smack, H, chinese dragon*. Kombiniert mit Kokain heißt es *snowball*

Kann geschnupft, verbrannt und inhaliert oder gespritzt werden. Führt zu entspannter Euphorie und macht hochgradig abhängig, ganz gleich, auf welche Weise es genommen wird.

Das reine Heroin hat keine so schwerwiegenden körperlichen Folgen wie manche andere Drogen. Die Gefahren beim Heroin liegen hauptsächlich in zwei anderen Bereichen. Erstens wird das Bedürfnis, die Sucht zu stillen, wichtiger als alles andere, was zur Vernachlässigung der eigenen Person, zu antisozialem Verhalten und Verbrechen führt. Zweitens ist da das Risiko der Überdosis und – durch die gemeinsame Nadel – der Infektion mit dem HI-Virus oder mit Hepatitis. Die meisten Heroinsüchtigen gehen irgendwann zur Nadel über.

## Unverstandener Ausreißer

*Teenager, die abhauen*

Liebe Mama, lieber Papa,

wenn Ihr dies lest, bin ich bereits fort. Ich gehe fort, weil Sarah mir den Laufpaß gegeben hat / weil ich Französisch in den Sand gesetzt habe / weil mich niemand versteht / weil ich glaube, daß ich Syphillis habe / weil ich das Geld für mein Geschichtsbuch für saustarken Apfelwein ausgegeben habe.

Auf jeden Fall weiß ich, daß ich jetzt ewig gepiesackt werde, und deshalb gehe ich lieber freiwillig.

Ich weiß, daß Ihr mich liebt und so. Und auch Oma und Opa und Onkel Peter und Tante Christine. Ich weiß, daß ich froh sein kann, Eltern zu haben, die mir erlauben, die teure Tapete mit Postern zu pflastern. Ihr seid recht modern und so, aber es gibt einfach Sachen, über die ich mit Euch nicht reden kann. Das muß wohl so ein. Okay, Ihr könnt Euch noch an Akne erinnern, und daran, wo Ihr gewesen seid, als Präsident Kennedy Euch fast umgebracht hätte, aber heute sieht das alles anders aus. Es gibt jetzt Aids und Tschernobyl und neue Nazis. Man kann nichts mehr essen. Und ich lerne Mathe bei einer Handarbeitslehrerin. Das macht mich einfach wahnsinnig. Ich muß weg von hier. Wenn ich nicht abhaue, klopft Mama immer weiter an meine Tür und fragt, ob ich einen Becher Kakao haben will.

Tut mir leid, wenn Ihr meinetwegen nicht zum Dinner im Tennisclub gehen konntet. Macht Euch meinetwegen keine Sorgen. Ich schaff das schon.

Sam

Lieber Sam,

Du hast also beschlossen, fortzulaufen. Das hat mir gerade noch gefehlt. Am Freitag gehen die Kündigungen raus, Deine Mama hat ihre Krampfadernoperation wieder einmal abgesagt, Deine Oma hat angefangen, Sachen zu verstecken und läuft im Nachthemd auf der Straße rum. Und jetzt haust Du auch noch ab. Einfach toll.

Deine Mutter ist sehr traurig. Sie wird nicht schlafen können, weil sie Dich die ganze Zeit über mit einer Nadel im Arm vor sich sieht. Und wenn sie nicht schlafen kann, dann läßt sie mich auch nicht schlafen. Dir könnte alles mögliche passieren. Womöglich endest Du noch mit einer Clique von Säufern aus Glasgow in einer Fußgängerunterführung. Und als nächstes schalten wir *Menschen wie Du und ich* ein, und da bist Du dann Hauptperson in einer Dokumentation über das Betteln und erklärst, du hättest ein fürchterliches Familienleben gehabt. Du hast keine Ahnung, wie gut es Dir geht. Als Dein Großvater in Deinem Alter war, haben die Japsen auf ihn geschossen.

Welches Problem Du auch hast, Du solltest heimkommen, die Nase in die Bücher stecken und Deine Prüfungen machen. Wie soll denn sonst jemals was aus Dir werden? Deine Mama und ich, wir sind doch vernünftige Leute. Du kannst uns doch erzählen, was Du für Sorgen hast. Haben wir nicht immer gesagt: »Eine Hand wäscht die andere?« Hat doch keinen Sinn, alles noch schlimmer zu machen, indem Du Mama Kummer machst und so.

Alles Liebe, Papa

Lieber Sam,

was Papa eigentlich sagen will, ist, daß er Dich liebt und daß er möchte, daß du nach Hause kommst.

Mama

Es gibt drei Arten, wie Teenager fortlaufen. Entweder stopfen sie ihre Lieblingssachen in einen Rucksack und knallen beim Hinausgehen die Tür hinter sich zu, oder sie schleichen mitten in der Nacht weg, oder aber sie kommen irgendwann einfach nicht mehr nach Hause. Ich habe alle drei Arten erlebt. Jede meiner Geschichten hatte ein glückliches Ende, und alle fingen fast gleich an – der betreffende Teenager hatte das Gefühl, von der Familie zu sehr eingeengt zu werden, oder er fühlte sich mißverstanden und nicht geliebt.

Seither habe ich festgestellt, daß die Gefühle, wenn einer meiner Teenager davonlief, eine mehr oder weniger intensive Version dessen waren, was ich auch empfand, wenn einer von ihnen zu Hause auszog, um ein neues, aufregendes Leben zu beginnen – nämlich Sorge, Hilflosigkeit und den seelischen und körperlichen Schmerz, der bei jedem Verlust auftritt.

Die meisten Teenager laufen nicht weit fort, und normalerweise weiß irgendeiner ihrer Freunde, wo sie wahrscheinlich stecken. Das heißt noch nicht, daß sie es Ihnen erzählen! Sie sind höchstens bereit, Ihnen zu versichern, daß es Ihrem Sohn oder Ihrer Tochter gutgeht. Aber zuerst einmal müssen Sie in der Lage sein, Kontakt mit ihnen aufzunehmen. Für viele Eltern ist das der Augenblick, in dem sie begreifen, daß Mozzer und Gripper, mit denen ihr Sohn seine ganze Zeit verbringt, für Sie nichts weiter sind als irgendwelche Typen in schwarzen Jacken. Sie haben keine Telefonnummer von ihnen. Ja, Sie kennen nicht einmal ihre richtigen Namen. Als meine Teenager fortgelaufen waren, habe ich eine meiner wichtigsten Lektionen gelernt: Ich muß mehr über ihre Freunde wissen, und ich brauche eine Liste der Telefonnummern.

Wenn man wachliegt und sich an all die Berichte erinnert, die man in seinem Leben von Teenagern gesehen hat, die in Waschmaschinenkartons hausen, dann stürzen die folgenden Fragen auf einen ein: Soll ich die Polizei rufen? Nehmen Jugendliche tatsächlich den Zug nach London und verschwinden dann wie vom Erdboden verschluckt? Und kann meine fünfzehnjährige Kleine ohne mich, ein warmes Abendessen und ihre kostbaren Kylie-Minogue-Poster überhaupt leben? Die Antwort auf alle Fragen lautet: Ja.

Wenn man die Polizei ruft, scheint das der erste Schritt auf dem Weg zu einer Identifizierung im Leichenschauhaus zu sein. Wahrscheinlich stellt es sich aber nur als eine peinliche Verschwendung der Zeit der überlasteten Verbrechensbekämpfer heraus. Trotzdem sprechen zwei Punkte zu ihren Gunsten. Zum einen könnten sie unser Kind von der Straße auflesen und an einen sicheren Ort bringen. Zum anderen sorgt ein freundlicher, gesprächiger Polizist, wenn unser Kind dann endlich wieder auftaucht, für *das* Abschreckungsmittel überhaupt: für die Art von Gespräch, nach dem man sich sooo klein fühlt – mit Hut! Ich habe es ausprobiert und muß sagen: Ich bin dafür, die Polizei zu rufen! Sie sind zwar wirklich überlastet, und sie können auch nicht viel tun, aber sie sind freundlich und bleiben ruhig, wenn Sie selbst hysterisch werden. Und die Augen halten sie auch offen.

Nichts ruft all die Schreibtisch-Experten schneller auf den Plan als vermißte Kinder. Hier nur ein paar der Giftpfeile, die möglicherweise auf Sie gerichtet werden: Berufstätige Mütter sind die Hauptursache für Vandalismus bei Teenagern, für zerbrochene Ehen und für sämtliche internationalen Konflikte. Alleinerziehende Eltern sind überhaupt der Untergang unserer Gesellschaft. Wenn Eltern ihre Kinder schlagen, werden sie irgendwann dafür büßen. Wenn sie ihre Kinder nicht schlagen, werden sie bestimmt dafür büßen. Steißgeburten machen für den Rest ihres Lebens Probleme. Steißgeburten, die unter dem Sternzeichen des Widders geboren werden und deren Mütter arbeiten, während der Vater am Kochtopf steht, sind zu einem gottlosen Leben verdammt. Ignorieren Sie diese Giftmischer einfach. Auch Kinder aus den besten Familien flippen aus und laufen davon.

Während Ihr Teenager vermißt wird, haben Sie Zeit, all Ihre Fehler zu zählen. In den kühlen, grauen Morgenstunden, wenn keine Polizeiwagen vor dem Haus halten und Ihre Tochter abliefern, können Sie im Zimmer auf- und abmarschieren und den Tag verfluchen, an dem Sie ihre Lieblingspuppe fortgeworfen haben.

Ein vermißtes Kind läßt auch die familiären Spannungen aufs feinste erklingen. Jetzt ist der Zeitpunkt gekommen, an dem Eltern Beschwerden und Vorwürfe über den Erziehungsstil des anderen ausgraben, die sie fünfzehn Jahre lang unterdrückt hatten. Ihr Mann erklärt plötzlich, er hätte gewußt, daß es Ärger geben würde, wenn man einen Vierjährigen im Elternbett schlafen läßt. Verängstigte Väter kommen auch häufig mit dem Ruf nach der neunschwänzigen Peitsche und herzhaften Kopfnüssen an, wenn sie in Wirklichkeit bloß hören wollen, daß ihrem Kind nichts passiert ist. Mama erklärt, daß es genau diese Einstellung ist, die alle Probleme verursacht. Häufig ist dies der Moment, in dem eine Mutter ihrem Partner – möglicherweise zum ersten Mal! – sagt, daß sie schlechte Tischsitten und Schlamperei nicht für Kapitalverbrechen hält.

Es ist eine Zeit der ungeschützten Gefühle. Da muß Dampf abgelassen werden, und nicht nur von den besorgten Eltern. Brüder und Schwestern, vor allem jüngere, haben Angst und machen sich Sorgen, und solange die Krise anhält, ist auch ihre normale Routine gestört. Sie müssen auf dem laufenden gehalten werden. Man muß weiterhin für sie sorgen. Und sie brauchen das Gefühl, helfen zu können. So treffen sie Vorbereitungen für die Rückkehr des verlorenen Sohnes und scheinen das als Therapie zu empfinden.

Die meisten Durchgebrannten kommen zurück. Die meisten sogar schon sehr bald. Wenn es soweit ist, laufen Ihre Gefühle Amok. Es ist alles da, von einfacher Wut bis zu Mordlust. Dankbarkeit und Erleichterung kommen erst einen Augenblick später. Und irgendwann kommen die Fragen.

Das muß auch so sein, denke ich. Fortzulaufen, auch wenn es nur für eine Nacht ist, die man in Opas Werkzeugschuppen verbringt, ist ein Akt der Verzweiflung. Es heißt, daß man aufgehört hat, miteinander zu reden. Wenn ein verlorener Sohn heimkehrt, hat man eine zweite Chance bekommen. Nach einer unserer tränenreichen, dankerfüllten Wiedervereinigungs-Übungen war ich überrascht, wie winzigklein das Ereignis war, das zur Flucht geführt hatte. Winzig für mich. Groß genug für einen Fünfzehnjährigen, um auf den ersten Zug zu springen, der die Stadt verließ. Er seinerseits war überrascht zu hören, wie wir alle uns gefühlt hatten, als er nicht da war. Er wußte zwar, daß wir ihn lieb hatten, aber er hätte nicht erwartet, daß wir es so schlecht aufnehmen würden, erklärte er. Schließlich hätten wir doch noch drei andere Kinder. Und als er sah, daß seine Schwester sein Bett frisch bezogen, einen Willkommen-Daheim-Teddy auf sein Kopfkissen gesetzt und ihm einen tränenverschmierten Zettel geschrieben hatte – da hätten Sie ihn mit einem *Awayday*-Ticket umhauen können.

# Irgendwo ist Schluß

*Teenager und vernünftige Grenzen*

Es ist wirklich erstaunlich, was sich manche Eltern bieten lassen. Ich kenne Familien, die von ihren Teenagern regelrecht terrorisiert werden. Es kam zu mündlichen und körperlichen Drohungen, die Familien fanden sich mit Diebstahl ebenso ab wie mit Schnorren, dem Verlust der Intimsphäre, mit mutwilliger Zerstörung und Erpressung um Geld. Teil dieser traurigen Liste ist auch meine eigene Familie. Die meisten der von mir vorgeschlagenen Lösungen habe ich also persönlich ausprobiert, andere wurden von verzweifelten Freunden und Bekannten getestet. Und das heißt, daß nicht jede Geschichte ein glückliches Ende genommen hat.

Lassen Sie mich damit anfangen, daß Eltern ein Recht darauf haben, ihr Heim, ihr Privatleben, Höflichkeit und Kooperation zu genießen. All diese Dinge nehmen auch Kinder im Teenie-Alter für sich in Anspruch. Es geht also nicht darum, daß man seine Vormachtstellung ausnutzen will. Es sind einfach grundlegende Dinge, die ein Mensch vom andern erwarten kann, vor allem in der Enge einer gemeinsamen Wohnung. Wenn Teenager die Rechte ihrer Eltern mit Füßen treten, so ist das ein Zeichen dafür, daß sie keine richtigen Menschen in ihnen sehen.

Kleine Kinder halten ihre Eltern für den lieben Gott. Allmählich werden ihnen die Augen geöffnet, und sie erkennen die bescheidenere Wirklichkeit. Wenn der Blick des Teenagers dann abschweift und auf Freunde, Vorbilder und die zahllosen anderen Erwachsenen fällt, wird das Bild, das sie sich von ihren Eltern gemacht haben, leicht unscharf. Für sie sehen sie aus wie zwei ziemlich verschwommene

Gestalten, die die Rechnungen bezahlen und abends die Tür absperren. Die Nähe hat ihre Neugier hinsichtlich dessen, was für Menschen das eigentlich sind, nahezu völlig absterben lassen. Im Umgang mit ihnen sind sie völlig gedankenlos.

Manche Eltern spielen dabei mit, ohne überhaupt zu begreifen, was sie tun. Sie sehen sich in erster Linie als Eltern, dann kommt eine lange Pause, und erst dann sehen sie sich als Menschen. Sie schleppen sich dahin, gebeugt von der Last der Vorstellung, daß sie immer und unter allen Umständen danach beurteilt werden, wie sich ihre Kinder entwickeln. Da überrascht es nicht, daß die Gesellschaft Pflichtgefühl, Aufopferung und Stoizismus zu den wichtigsten Eigenschaften guter Eltern zählt. Sie können x-beliebige Eltern von Teenagern fragen, und alle werden Ihnen erklären, wie wenig Unterstützung sie bekommen haben. Angeblich wollen wir zwar, daß Eltern ihre unruhigen Kinder zu ordentlichen Menschen erziehen, aber das sollen sie doch, bitteschön, auf nette *unauffällige* Art tun.

Ich bin eindeutig dafür, nett zu sein, wenn das klappt, und mit beharrlicher, entschiedener Freundlichkeit klappt es auch oft. Bei jedem Problem würde ich es zuerst mit Nettigkeit versuchen. Ich habe inzwischen aber gelernt, daß diese Nettigkeit gut vorbereitet und unnachgiebig sein muß. Monate vernünftiger, höflicher Belagerung können ins Land ziehen, ehe ein Teenager endlich klein beigibt, und das halten Sie nur durch, wenn etwas wirklich sehr Wichtiges auf dem Spiel steht. Also müssen Sie als erstes einmal wissen, was Sie wirklich wollen, und dann müssen Sie persönlich überzeugt sein, ein Recht darauf zu haben.

Es gibt Eltern, die bereit sind, mit Teenagern zu leben, die nie im Haushalt helfen oder bei denen jedes Zimmer aussieht, als hätte eine Bombe eingeschlagen, wenn sie nur einmal hindurchgegangen sind.

Andere Eltern lassen sich ihr Eigentum stehlen, beschädigen, oder ungefragt ausleihen. Manche Teenager dürfen unbegrenzt daheim leben, ohne zu studieren, zu arbeiten oder irgend etwas zu unternehmen, um etwas aus ihrem Leben zu machen. Andere wissen, daß ihre Eltern sie immer auslösen werden, ganz gleich, in welcher Patsche sie auch stecken. Und manche Eltern leben mit Drohungen, Mißhandlungen und erschreckenden Formen der Gewalt, einfach nur, weil der Täter ihr eigenes, heißgeliebtes Kindchen ist, das seit neuestem zu einem Teenagertyrannen geworden ist. Es ist traurig und erschütternd, auf wieviel persönliches Glück Eltern verzichten, anstatt ihren kindlichen Ungeheuern die Stirn zu bieten.

Wenn Sie entschieden haben, was Ihr Teenager künftig tun oder lassen soll, dann müssen Sie es ihm zuerst einmal sagen. Diese Eröffnung wird leicht verpfuscht. Manchen von uns fällt es schwer, direkt um das zu bitten, was wir wollen, ganz gleich, mit wem wir sprechen. Wir führen vielleicht alle Dinge an, die wir *nicht* wollen. Oder wir verlagern unsere Wünsche auf jemand anderen: »Wäre es *dir* nicht auch lieber, wenn du das Haargel immer finden würdest, wenn du es brauchst?« Oder wir schmuggeln unsere Forderungen so geschickt unter, daß niemand es merkt. Es gibt Tausende eleganter Möglichkeiten des Versagens.

Sie sollten sagen, was Sie wollen, warum Sie glauben, Anspruch darauf zu haben, und – wenn Sie das schaffen, ohne den Märtyrer oder den Despoten zu spielen – was in Ihnen vorgeht, wenn Sie nicht bekommen, was Sie wollen. Sie müssen deutlich machen, daß Sie ein vernünftiger Mensch mit einer vernünftigen Forderung sind. Wenn Ihr Teenager Ihren Rechten als Mitmensch gegenüber blind oder gleichgültig ist, dann wird er Sie einfach ignorieren. In diesem Fall wird die Aufgabe, die Tochter zur Mithilfe im Haushalt zu bewegen oder sie davon abzubringen, Ihre Kleider zu stehlen, zweitrangig. Als erstes müssen Sie sie dazu bringen, Sie als einen Menschen zu sehen, dessen Rechte respektiert werden müssen. Am wahrscheinlichsten ist aber wohl, daß Ihr Teenie als Antwort auf Ihren Wunsch sagt: »Ja, ja«, und dann weitermacht wie bisher.

Wenn Sie glauben, daß das Problem darin besteht, daß Ihre Teenager Sie nicht als Individuum mit eigenen Rechten sehen, dann verpassen Sie ihnen einen gehörigen Schock. Schütteln Sie sie, bis sie ihre selbstgefälligen Ansichten ablegen. Sorgen Sie für ein rauhes Erwachen. Je diffuser ihre gegenwärtige Einstellung Ihnen gegenüber ist, desto leichter läßt sich das erreichen. Ich kannte eine Mutter, die einfach nur eine Tasche packte und das Haus für eine Woche verließ. Als sie zurückkam, wurde sie mit Applaus empfangen. Eine andere trat ein Wochenende lang in Streik. Sie schlief lange, aß auswärts und tat absolut nichts, um die Bedürfnisse ihrer beiden Teenies zu befriedigen, und das von Freitagabend bis Montagfrüh. Die beiden Söhne, fünfzehn bzw. siebzehn Jahre alt, waren verblüfft und wütend. Aber als sie dann begriffen, daß es ihr wirklich ernst war, fanden sie es lustig. Sie erzählten es all ihren Freunden und badeten kurze Zeit in der Sensation, arme, verlassene Waisenknaben zu sein und eine interessante Mutter zu haben. Trotzdem sagten sie, daß sich ihre Einstellung ihr gegenüber durch dieses Wochenende verändert hat. Und ich machte meine Teenager besorgt und wütend, indem ich sie mit ihren eigenen Mitteln schlug. Ich erklärte, ich würde um Mitternacht zurück sein, und kam dann erst um zwei.

Wenn Ihre Kinder wissen, daß Sie immer da sind und jederzeit helfen, dann können sie auch sehr leicht vorhersagen, wie Sie auf ihr schlechtes Benehmen reagieren. Wenn Kinder Ihnen Sorgen bereiten, werden Sie weinen. Ihre Kinder machen Sie wütend: Sie brüllen. Sie laufen davon, und Sie jagen hinterher. Die Kinder können mit Ihnen machen, was sie wollen, ohne auch nur den kleinen Finger zu rühren. Also besteht eine gute Möglichkeit, sie aus dem Gleichgewicht zu bringen, darin, mit dem Weinen, Brüllen und Jagen aufzuhören und statt dessen ins Kino zu gehen.

Wenn Ihr Teenager jedoch Ihre emotionale Reaktion braucht, wann immer er sich schlecht benommen hat, dann gibt er das nicht so leicht auf. Manche Menschen, und nicht nur Teenager, machen es sich regelrecht zur Aufgabe, unzuverlässig, rücksichtslos und unvorsichtig zu sein. Erstens ist das leichter, als erwachsen zu werden und verantwortungsbewußt zu handeln, und zweitens ist es auf rätselhafte Art anziehend. Vor allem Jungen stellen fest, daß ein schlechter Ruf bei Mädchen oft Vorteile bringt. Aber sie sorgen dafür, daß sie ihren »schlechten Charakter« jederzeit ein- und ausschalten können. Sie verhalten sich unmöglich Leuten gegenüber, die sich davon beeindrucken oder abstoßen lassen, und führen sich daheim durchaus anständig auf, wenn ihre Eltern das Spielchen nicht mitspielen wollen. Wenn Ihr Teenager schlechtes Verhalten als Provokation einsetzt, können Sie es ihm dadurch abgewöhnen, daß Sie weniger für ihn tun. Statt herumzulaufen und zu versuchen, klüger zu sein als er, gehen Sie einfach fort. Zu den brauchbarsten Talenten, die Eltern erwerben können, gehört es, ruhig und entschieden wegzugehen, wenn ihr Teenager sich irgend etwas überlegt hat, um sie zu ärgern.

Es ist immer leichter, ein Problem nach dem anderen anzugehen. Gleichzeitig verschiedene Forderungen im Auge zu behalten, kann anstrengend werden. Wenn Sie entschieden haben, was Sie wollen, und wenn Sie dies Ihrem Teenager erklärt haben, sollten Sie abwarten und sehen, was passiert. Normalerweise wird er versuchen, Sie abzulenken. Teenager sind

Experten, wenn es darum geht, Ablenkungsmanöver zu erfinden. Wenn Sie nicht aufpassen, schenken Sie denen Ihre Aufmerksamkeit, vergeuden Ihre Zeit, und der Abwasch ist immer noch nicht gemacht. Sie müssen stur bleiben und Ihre Forderung wiederholen. Auch wenn Ihr Teenager einen Berg Hausaufgaben und ein verstauchtes Ohrläppchen hat, auch wenn sein Freund Klaus dafür bezahlt wird, das Geschirr abzuwaschen, und sein Freund Christian das überhaupt nie tut, und auch, wenn Sie nachtragend und durch die Wechseljahre aus der Bahn geworfen worden sind, ja, wenn Sie ihn offensichtlich nie wirklich geliebt haben, selbst dann müssen Sie ohne Angst oder Wut dabei bleiben, daß er das Geschirr spülen soll.

Am einfachsten ist es, zu ihm hinaufzubrüllen, wenn er hinter verschlossener Tür in seinem Zimmer hockt. Aber wirksam ist es nur, wenn Sie es ihm Auge in Auge erklären. Ich rede hier von deutlicher Körpersprache. Wenn Ihre angemessenen Forderungen kritisiert oder ignoriert werden, wäre es falsch, daraufhin einen Beschwerdebrief zu schicken oder die erneute Frage mit »Ach, übrigens...« zu beginnen. Es bleibt Ihnen überlassen, wie häufig Sie Ihre Frage einfach wiederholen wollen. Manche Eltern finden es beruhigend, einfach immer weiterzumachen, ohne Drohungen, ohne Ablenkungen, sie wiederholen die Frage einfach voller Zuversicht immer wieder, wie beim Meditieren. Andere Eltern entscheiden: »Gut. Ich werde das fünfmal sagen. Danach rufe ich die Polizei.«

Der nächste Schritt besteht darin zu verkünden, was Sie tun werden, wenn Ihre Bitte nicht erfüllt wird, und dies dann auch zu tun. Das erfordert gründliche Planung. Im Idealfall sollte die von Ihnen gewählte Form des Handelns oder Unterlassens sich auf den Teenager und sonst niemanden auswirken, aber so einfach geht das normalerweise nicht. Tatsächlich erzielen Sie vielleicht sogar einen besseren Erfolg, wenn auch andere Familienmitglieder ins Schußfeld geraten. Es geht doch nichts über ein bißchen Druck von den Altersgenossen, oder über die Solidarität von Gleichaltrigen, die sich zusammentun, um etwas zu finden, womit sie Mama oder Papa aufheitern können. Wenn es in Ihrer Familie sehr viel jüngere Kinder gibt, müssen Sie deren Bedürfnisse bei Ihrem Schlachtplan berücksichtigen, aber wenn es um eine Konfrontation von Eltern und Teenager geht, ohne irgendwelche Komplikationen, dann gibt es nur eine einzige Vorsichtsmaßnahme, die Sie treffen müssen: Sie müssen sich vergewissern, daß Sie die Konsequenzen ertragen können, wenn Sie Ihre Drohung ausführen.

Vor ein paar Jahren verschwand bei uns daheim plötzlich Geld. Ich bat mehrmals ruhig um stillschweigende Rückgabe. Aber am Ende des Tages war noch kein Pfennig wieder aufgetaucht, und meine Hoffnung, daß der Dieb die Tat auf ehrenhafte Art wieder gutmachen würde, hatte sich zerschlagen. Daraufhin erklärte ich, ohne Geld keine Lebensmittel kaufen zu können. »Wir werden eine Woche von Wasser und Brot leben«, sagte ich, und alle sahen mich betroffen an. Ich muß leider zugeben, daß ich nicht Wort gehalten habe. Ich hatte noch anderes Geld, ich wollte kein Wasser und Brot essen, wenn ich mir Spaghetti leisten konnte, und nach drei Tagen war ich so gelangweilt und frustriert, daß ich wieder zur normalen Verpflegung überging und die ganze Angelegenheit fallen ließ.

Ein paar Monate später verschwand wieder Geld. Ich wiederholte die zwölf-Stunden-Prozedur des Abwartens, um jemandem die Chance zu geben, Farbe zu bekennen oder zu blechen, aber nichts geschah.

Mein Mann schlug vor, mit der Polizei zu drohen, aber ich war der Meinung, unsere Kinder wüßten genau, daß wir diese Drohung nie ausführen würden. Ich hielt eine Art Schadensersatz für die bessere Lösung. Also bekam niemand mehr Taschengeld, bis der Verlust durch den Diebstahl ausgeglichen war. Ich hoffte, die offensichtliche Ungerechtigkeit gegenüber den anderen würde den Schuldigen dazu bringen, zu gestehen, aber das war nicht der Fall. Alle vier Kinder beteuerten weiterhin ihre Unschuld. Wir als Eltern fühlten uns nicht besonders wohl angesichts unseres Verhaltens, aber wenigstens bekamen wir so das Geld zurück. Und seitdem ist nie wieder welches verschwunden.

Erst vor kurzem hatte ich es mit einer anderen Art des Fehlverhaltens zu tun. Meine Kinder hatten es sich allesamt angewöhnt, ihre Kleidung auf den Badezimmerboden fallen zu lassen, wenn sie duschen oder baden wollten, und sie dort liegen zu lassen. So war das Badezimmer zu einer Art Durchgangslager für schmutzige Wäsche, vorübergehend abgelegte Dinge und leicht verschmutzte Sachen geworden, die man noch einmal tragen konnte. Gehorsam hatte ich die Arbeit des Sortierens und Waschens übernommen, brachte die noch zu rettenden Kleider zu ihren rechtmäßigen Besitzern zurück und stopfte den Rest in die Waschmaschine. Dann gab ich eine Erklärung ab. Ich war dagegen, daß der Boden im Bad mit Kleidern übersät war. Alle brummten und nickten, im Badezimmer änderte sich nichts, und ich gab dieselbe Erklärung noch fünfmal ab. Dann sagte ich: »Von heute an wird alles, was auf dem Badezimmerboden liegen bleibt, in einen Müllsack gestopft. Und wenn der voll ist, wird er fortgeworfen.«

Es kam nicht zu der von mir erwarteten Panik. Kein Kind hastete durchs Haus, um die teuren Lieblingskleider zu retten. Aber nachdem ich den von mir angedrohten Schlag ausgeführt hatte, wurde der erste Sack förmlich geplündert. Ein paar Teile tauchten im Wäschekorb auf. Einige andere an meinen Kindern, wo sie wie verknitterte, heiß vermißte Freunde aussahen. Nur wenige stinkende, ungeliebte Stücke blieben unten im Sack liegen. Und dann entstand ein neuer Haufen auf dem Badezimmerboden.

Wie es scheint, ist es ganz egal, wie oft ich meine Übung mit dem Sack wiederhole. Immer wieder werden Sachen fallengelassen und bleiben liegen. Meine Kinder scheinen einfach Schlamper zu sein. Aber wenn ich alles in einen Sack stopfe, dann fühle *ich* mich besser. Und wenn ich – nur gelegentlich – den Gipfel meiner Drohung erreiche und Dinge fortwerfe, dann bin ich immer ganz ruhig und zuversichtlich dabei. Bislang ist noch niemand weinend zu mir gekommen, weil es zu spät war, um ein lebenswichtiges T-Shirt zu retten.

Die Umgebung anderer Menschen mit ihren Sachen zu übersäen ist für Teenager vollkommen normal. Es ist weder sozial noch rücksichtsvoll, und es muß aufhören, aber auf der Richterskala der Teenager-Vergehen finden wir es weit unten. Es gibt viel schlimmere Dinge, bei denen Eltern sich unbedingt wehren müssen.

Grenzen zu setzen heißt nicht unbedingt, etwas *tun,* wie beispielsweise ein Schloß ans Telefon montieren oder den Teenager aufzufordern, sich eine andere Bleibe zu suchen. In vielen Fällen kann man Grenzen auch dadurch demonstrieren, daß man untätig bleibt, sein eigenes Leben führt und das Spielchen nicht länger mitspielt. Diese passive Technik funktioniert zum Beispiel beim Lügen.

Zum Lügen gehören mindestens zwei. Wenn sich niemand mehr dafür interessiert, ob jemand die

Wahrheit sagt, dann verliert das Lügen seinen Sinn. Lügen in die große Leere hinauszuposaunen ist unglaublich langweilig. Statt das zu begreifen und ihre Teenager auf diese Weise vom Lügen abzubringen, gehen die meisten Eltern das Problem von der anderen Seite her an. Sie überprüfen die Geschichten, stellen Fallen auf. Und jedesmal, wenn sie ihr Kind dann bei einer Lüge ertappen, heulen sie und ringen die Hände. Der Lügner, in seiner verqueren Logik, antwortet darauf mit einer weiteren Lügenrunde. Die Eltern glauben ja doch nie, was ihre Tochter ihnen erzählt, und wenn sie die Wahrheit herausfinden, werden sie zu Berserkern.

Nur sehr wenige Lügen entstehen, ohne daß der Lügner förmlich dazu aufgefordert wurde. Die meisten Lügen werden als Antwort auf eine Frage erzählt, zunächst, weil es zu riskant erscheint, die Wahrheit zu sagen, und später dann aus Gewohnheit. An dieser Stelle muß gesagt sein, daß es mit manchen Menschen wirklich sehr schwer ist. Sie sind so neugierig, wollen alles wissen, und können es kaum abwarten, Ihnen zu erklären, wo Sie einen Fehler gemacht haben und was Sie dagegen tun sollten. Das passiert natürlich auch Teenagereltern. Ein immer größer werdender Teil des Teenagerlebens findet fern der Eltern statt, und eine Tochter in diesem Alter braucht auch ihr eigenes Leben. Die Eltern können sich nur das Schlimmste vorstellen. Oder unaufhörlich Fragen stellen und darauf warten, was für Lügen ihre Tochter erfindet.

Wenn Ihr Teenager zum Gewohnheitslügner geworden ist, dann wahrscheinlich deshalb, weil Sie ständig den Großinquisitor gespielt und erwartungsvoll darauf gelauert haben, daß Ihr Kind wieder einmal Ihren Scharfsinn unterschätzt. Wenn Sie mit den Fragen aufhören, hören auch die Lügen auf. Aber nicht sofort. Eine Weile lügt Ihr Teenager vielleicht noch freiwillig weiter: ausgefeilte Märchen in Erwartung der Fragen, die Sie überhaupt nicht mehr stellen. Dann dämmert die Erkenntnis, daß es Ihnen offenbar völlig gleichgültig ist, was da erzählt wird. Daß Sie jede Geschichte, die Ihnen aufgetischt wird, offenbar mit derselben kühlen Höflichkeit anhören. Von diesem Augenblick an wachsen Ihre Chancen, die Wahrheit zu hören, fast stündlich.

Dieselbe Art Rückzug kann auch bei flegelhaften Kindern funktionieren. Ich kenne zwei Familien, die unter der verbalen Gewalttätigkeit ihrer Teenager sehr gelitten haben. Zeitweise war es für sie unmöglich, in Ruhe zu telefonieren oder sich mit Freunden zu unterhalten.

In einem Fall vereinbarten die Eltern untereinander, jegliches Drohgehabe zu ignorieren und sich nur um das Positive und Vernünftige im Verhalten ihres Sohnes zu kümmern. Die Gefühlskurve fiel sofort steil ab. Ihr Sohn wurde zwar nicht über Nacht bekehrt. Tatsächlich ärgert er sie manchmal auch jetzt noch mit einer seiner häßlichen Drohungen, aber sie haben ihm ganz eindeutig den Wind aus den Segeln genommen und befinden sich nicht mehr ständig in einem Zustand der Anspannung.

In einer anderen Familie konnten sich die Eltern nicht auf eine Strategie einigen. Der Vater will die Aufmerksamkeit entziehen, während die Mutter sich immer wieder herausfordern läßt. Die Beschimpfung ist inzwischen zur Androhung körperlicher Gewalt eskaliert. Die Mutter fürchtet um ihr eigenes Leben und um die Zukunft ihrer tyrannischen sechzehnjährigen Tochter.

Für manche Eltern kommt ein Zeitpunkt, an dem der Vertrag, den sie mit ihrem Kind geschlossen haben, auf unerträgliche Weise mißbraucht wird. Ihr Teenager wird gewalttätig, stiehlt oder sitzt wie ein

Kuckuck im Nest und weigert sich, etwas zu arbeiten oder zu lernen. Wenn Eltern zu der Erkenntnis gelangen, daß sie so weit gegangen sind, wie sie können, dann sind sie plötzlich sehr einsam. Von Eltern wird erwartet, daß sie immer und unter allen Umständen zur Verfügung stehen. Die Gesellschaft sieht eine Scheidung zwischen Eltern und Kindern nicht vor. Trotzdem ist der Rauswurf genau das, was manche Teenager brauchen, damit sie sehen, was für Monster sie geworden sind.

Ihr Kind muß ja nicht gleich für immer ausziehen. Wenn Sie allerdings eine Achtzehnjährige rauswerfen, wird diese wohl kaum wieder zurückkommen, um bei Ihnen zu wohnen. Achtzehn ist ein gutes Alter, um auszuziehen. Aber jüngere Teenager verändern sich manchmal, wenn sie eine Zeitlang von ihren Eltern getrennt sind. Ich habe das bei einem Teenager beobachtet, der für eine Weile zu seinen Großeltern geschickt wurde, und bei einem anderen, der vorübergehend bei einer anderen Familie lebte. Alle beide sahen das Familienleben bei ihrer Rückkehr mit anderen, reiferen Augen.

Eine Menge Leute wird Ihnen vorhalten, das elfte Gebot laute: »Du sollst deinen Teenager nicht vom Busen der Familie reißen, welche Freiheiten auch immer er sich herausnehmen mag.« Wir sind im Westen sehr zimperlich. Solange unsere Kinder keine Karriere, keinen Lebenspartner und keine Eigentumswohnung haben, wollen wir sie einfach nicht ziehen lassen. Es gab eine Zeit, da ging es mir genauso. Inzwischen haben mich die Erfahrung und anregende Beispiele gelehrt, daß der Strich, den man ziehen muß, genau der ist, den man um eine Anzeige malt, in der es heißt: »Möbliertes Zimmer zu vermieten«.

## Die Fäustel am Bande

*Von der Kunst, loszulassen*

Am Anfang war das Kind. Es war hilflos, sprachlos und unschuldig, aber da waren auch Erwachsene, die es fütterten, liebten und schützten. Als es älter wurde, dehnten seine Eltern ihre liebevolle Fürsorge wahrscheinlich noch aus. Sie bewahrten ihr Kind vor Enttäuschungen, halfen ihm, wo sie nur konnten, opferten sich auf, putzten ihm die Nase, sorgten dafür, daß seine Haare geschnitten wurden und lenkten es ganz behutsam in Richtung auf einen Job, von dem sie ihren Nachbarn erzählen konnten, ohne daß ihnen die Schamröte ins Gesicht stieg. Die meisten Eltern sehen dabei ein Endprodukt vor sich, das einen grauen Anzug besitzt und hypothekwürdig ist. Beim Straßentheater im Einkaufszentrum sehen sie ihr Kind nicht.

Unter diesem Berg von selbstauferlegten elterlichen Pflichten verbergen sich die Samen für 90 Prozent der familiären Probleme – insbesondere die Annahme, daß es Ihr Kind zu nichts bringen wird, wenn Sie es nicht die ganze Zeit mit einem großen Stock antreiben. Und wenn es Ihr Kind im Leben zu nichts bringt, spiegelt das *Ihren* Wert als Mensch wider. Was aus Ihrem Teenager wird, wird an Ihren Erwartungen ebenso gemessen wie an denen der Großeltern, Lehrer und Nachbarn. Sie haben ihn doch alle für einen so netten Jungen gehalten.

Teenager verhalten sich manchmal wirklich sehr dumm. Das überrascht nicht. Sie sind noch nicht alt genug, um viel Erfahrung darin zu haben, sich überhaupt irgendwie zu verhalten. Aber wenn es überhaupt etwas gibt, was den Lernprozeß mit Sicherheit verzögert oder vielleicht sogar für alle Zeiten zum

Erliegen bringt, dann ist es die Pose des Großen Grauhaarigen Allwissenden. »Keith, wenn du aufbleibst, um das Halbfinalspiel zu sehen, bist du morgen ein Wrack. Am Ende bleibst du noch sitzen, und dann will die Bank dich nicht mehr.« Wenn Sie ein alles sehender und alles hörender Schlafwandler sind, können Sie Ihren Sohn vielleicht daran hindern, mitten in der Nacht ein Halbfinalspiel zu sehen, aber Sie können nicht alles andere verhindern, was er tut und was vielleicht dazu führt, daß er den Ausbildungsplatz in der Bank nicht kriegt. Außerdem wird Keiths Entdeckung, wieviel Schlaf er tatsächlich benötigt, dadurch bloß verzögert.

Es gibt einige wenige Beispiele dafür, daß es sinnvoll ist, wenn sich Eltern wirklich intensiv darum kümmern, was ihre Teenager treiben. Wenn Sie beispielsweise Ihre Tochter dazu gebracht haben, mit zwei Jahren schwimmen zu lernen, und wenn sie jetzt für die Olympischen Spiele aufgestellt ist, wird sich niemand darüber wundern, daß Sie eine aktive Rolle bei ihrem Training übernommen haben. Wenn Sie Ihrem Dreijährigen ein Plastikbanjo gekauft haben und er jetzt mit fünfzehn ein potentieller Cello-Solist ist, werden seine Lehrer und Mentoren sich darauf verlassen, daß Sie ihn und sein sperriges Instrument von einem Auftritt zum nächsten bugsieren. Selbst wenn Sie ihm kein Plastikbanjo gekauft haben, wenn Sie persönlich unmusikalisch sind bis zum Geht-nicht-mehr und wenn Ihr stärkstes Transportmittel ein Einkaufswagen ist, wird man immer noch erwarten, daß die Bedürfnisse Ihres Kindes bei Ihnen absolute Priorität haben.

Das ist nun eine ganz persönliche Sache. Wenn Sie das Gefühl haben, von Gott dazu auserwählt zu sein, ein einmaliges Talent großzuziehen, werden Sie alles tun, was man von Ihnen verlangt, egal, welchen Preis der Rest der Familie dafür bezahlt. In meiner Familie gibt es kein Genie, deshalb kann ich auch nicht aus persönlicher Erfahrung sprechen. Aber ich kannte einmal eine Familie, deren praktische Hilfe für ihr musikbegabtes Kind deutlich nachließ, als es zum älteren Teenager wurde. Erstens hatten seine Eltern es satt, jahrelang mit einem Wunderkind zu leben. Zweitens waren sie der Meinung, daß ein Fünfzehnjähriger alt genug sei zu wissen, was auf dem Spiel steht, wenn er nicht übt. Sie stellten sich auf den Standpunkt, daß selbst ein Genie sich gelegentlich selbst helfen muß. Einige Eltern waren anderer Ansicht. Ich nicht.

Wenn Eltern auch beim Teenager noch Dinge zu kontrollieren versuchen, die längst nicht mehr kontrolliert werden können, sind die Folgen verheerend. Der Teenager fängt an zu glauben, er sei vollkommen unfähig, und die Eltern hingegen fühlen sich als Versager. Gemeinsam geraten sie in einen Teufelskreis. Es gibt nur einen Weg hinaus: man muß auseinandersortieren, wer für was verantwortlich ist, und dann alles loslassen, was einen nichts angeht. Wenn es Ihnen immer noch so vorkommt, als hätten Sie Ihrer Tochter erst gestern beigebracht, daß man nur bei Grün über die Straße geht, und dauernd möchten, daß man sie bewundert, weil Sie so saubere und wißbegierige Kinder haben, ist es besonders schwer für Sie, Verantwortung abzugeben.

Die Neuverteilung von Verantwortung für die Dinge, die Ihr Teenager tut, kann eine wunderbare Erfahrung sein. Zuerst fühlen Sie die Gefahr, dann die Erleichterung. Dazwischen wartet eine Überraschung – die meisten Dinge, die Sie kontrollieren wollten, gehen Sie längst nichts mehr an. Sie können – und sollten – sich davon zurückziehen und Ihrem Kind *wirklich* die Möglichkeit geben, erwachsen zu werden.

Manche Verhaltensweisen von Teenagern wirken

sich nur schlecht für den Teenager selbst aus: Sie verrennen sich in der Mode, verlieren ihre Sachen oder machen sie kaputt, sie schwänzen die Schule, schreiben schlechte Noten, haben Ärger mit dem Gesetz. Ein guter Ansatz für Eltern, die nicht glauben, daß sie loslassen können, nicht einmal für den Bruchteil einer Sekunde.

Was Teenager anziehen, ist ihre eigene Sache. Sogar eine Dreizehnjährige weiß schon, wie man Eindruck macht. Sie versteht vielleicht die Feinheiten von Twinsets und Perlen gegenüber dem billigen Polyesterkostüm noch nicht, aber sie ist sich bestimmt klar darüber, daß die Leute ein Mädchen in schwarzen Lederklamotten mit kahlgeschorenem Kopf etwas anders behandeln als eine höhere Tochter im Twinset mit Perlen. Wir kleiden uns, damit die Leute eine Vorstellung entwickeln können, was sie von uns zu erwarten haben. Wir zeigen der Welt, daß wir wissen, was von uns erwartet wird. Ihre Frau behauptet vielleicht, Sie hätten sie in der Gemeinde unmöglich gemacht, weil Sie mit einem T-Shirt herumgelaufen sind, auf dem stand ZUM TEUFEL MIT DER KIRCHENSTEUER. Ihre Mutter bittet Sie vielleicht, endlich mal einen Blazer zu kaufen, damit sie glücklich sterben kann. Aber das sind Ausnahmefälle. Was Sie tragen, ist Ihre Angelegenheit. Und was Ihre Teenager tragen, ist deren Sache.

Dasselbe gilt, wenn sich ein Teenager für ein Leben in Dreck und Chaos entscheidet. Sie dürfen natürlich nicht das Gefühl haben, Sie müßten Ihrer Tochter jedesmal mit dem Scheckheft in der Hand zu Hilfe eilen, wenn sie ihre Kopfhörer zertreten hat, weil sie das Durcheinander in ihrem Zimmer nicht mehr überblickt. Nur sehr wenige Teenager lassen die Dinge so weit herunterkommen, daß Ratten auftauchen. Ihr Elend setzt sich selber Grenzen, genauso wie ihre Unachtsamkeit, spätestens, wenn sie das fünfte Paar neue Kopfhörer selber bezahlt haben, Sie müssen es einfach nur ausschwitzen. Außerdem sollten Sie Ihren eigenen Kopfhörer an einem sicheren Ort verstecken.

Viele Teenagermütter schlüpfen einmal pro Woche in einen Kampfanzug und marschieren direkt in die Höhle des Löwen, bewaffnet mit Eimer und Besen. Manche bezahlen auch Putzfrauen dafür, daß die es tun. Sie haben mehr Zeit oder Geld als Verstand. Was hier nötig ist, ist eine Politik der Geschlossenen Tür. Wir brauchen alle unser Reich. Viele von uns machen eine Phase durch, in der wir dieses Reich mit leeren Cola-Dosen, alten ›Playboys‹ und dem Geruch von Achselschweiß füllen wollen. Es ist alles eine Frage der Abgrenzung. Irgendwann öffnet sich die Tür, und aus dem Mief tritt ein Erwachsener, der cremefarbene Teppiche und frische Blumen für sein erstes eigenes Appartement haben möchte.

Ich würde nur zwei Ausnahmen zulassen (drei, wenn Sie Ungeziefer einschließen). Erstens: Wenn Sie anderen Leuten – Handwerkern oder möglichen Käufern Ihre Residenz zeigen müssen. (Wenn Ärzte kommen, brauchen Sie die Teenagerzimmer nicht aufzuräumen, deren Magen ist stark, und außerdem ist die Umgebung vielleicht ein Schlüssel zur Diagnose!) Wenn es die Umstände zulassen, würde ich darauf bestehen, daß die Aufräum- und Säuberungsaktion vom Übeltäter selbst durchgeführt wird, wenn nötig mit vorgehaltener Waffe. Zweitens: Wenn jeder Teelöffel, jeder Kaffeebecher, jedes Badehandtuch im Haus in diesem stinkenden Loch verschwunden ist. Verlangen Sie – wiederum mit vorgehaltener Waffe –, daß alles augenblicklich zurückgebracht wird. Aber betreten Sie das Zimmer nur dann, wenn Menschenleben auf dem Spiel stehen.

Wenn jemand die Schule schwänzt oder dort seine

Zeit vertrödelt, wirkt sich das vor allem auf ihn selber aus. Sie haben Ihre Ausbildung gehabt, und ich meine, was Sie im Leben erreicht haben, ist vielleicht direkt auf die Tatsache zurückzuführen, daß Sie täglich drei Stunden Hausaufgaben gemacht und sich nie vor Technischem Zeichnen gedrückt haben. Aber auf jeden wie Sie kommen bestimmt einhundert Eltern, die geschwänzt und gefaulenzt und sich nur dann bemüht haben, wenn sie einen sehr starken, persönlichen Anreiz dafür hatten.

Wenn Kinder zu Beginn ihrer Teenagerzeit Schule schwänzen, liegt das meistens an Problemen im Unterricht, und nicht daran, daß etwas außerhalb der Schule besonders reizvoll wäre. Um solche Probleme müssen Eltern sich kümmern. Auch ältere Teenager lassen manchmal die Schule ausfallen, weil sie dort unglücklich sind. Meistens tun sie es aber, weil sie einen freien Tag haben wollen. Ich persönlich stehe auf dem Standpunkt: Wenn Sechzehnjährige keine emotionalen oder schulischen Probleme haben, geht das Schwänzen sie selbst mehr an als die Eltern.

Es mag ja peinlich und ärgerlich sein, von der Schule angerufen zu werden, weil Ihr Kind nicht mehr kommt, aber das größte Problem ist wohl der eingebildete Gesichtsverlust. »So! Es reicht dir also nicht, daß wir eine Familie sind, die Kopfläuse hat. Jetzt sind wir auch noch eine Familie geworden, in der die Schule geschwänzt wird.« Natürlich können Sie nicht täglich überwachen, wann Ihre Kinder die Schule betreten und wieder verlassen, und ebenso wenig können Sie sie dazu zwingen, ihre Hausaufgaben zu machen. Elternarbeit ist schwer genug, auch ohne daß man sich freiwillig unmögliche Aufgaben stellt. Wenn Ihr Kind von der Schule abgeht und nichts mehr tut, als zu Hause den Kühlschrank zu leeren, *dann* ist das Ihr Problem. Dann haben Sie direkt damit zu tun, weil Sie immer der Gebende sind und

Ihr Kind immer nur nimmt. Aber im Augenblick spreche ich noch von Problemen, die vielleicht so aussehen, als wären sie Ihre, die in Wirklichkeit aber ganz allein die Probleme des Kindes selbst sind. Wenn sie eine Zukunft ohne eine gute Geschichtsnote riskieren will, dann ist das ausschließlich das Problem Ihrer sechzehnjährigen Tochter, nicht Ihres!

Ihre Teenager die Verantwortung für ihre Ausbildung tragen zu lassen, ist schwierig, aber die reinste Hölle ist es, sie allein mit den Vertretern von Recht und Ordnung zusammenstoßen zu lassen. Gibt es einen Konflikt, fällt den meisten Eltern sofort der Name eines entfernten Cousins ein, der mit dem Dienststellenleiter Golf spielt. Aber was immer Ihr Sohn auch getan hat, er hat es so gewollt, und wenn Sie ihn nicht gerade mit Handschellen an sich ketten, können Sie ihn nicht daran hindern, es wieder zu tun. Was ihn davon abbringen könnte, ist die Erfahrung, wie es ist, wenn man seiner Freiheit und Würde und jeglicher Anerkennung beraubt wird. Ein Polizeirevier ist ein ausgesprochen ernüchternder Ort, ein Gerichtssaal erst recht.

Es ist völlig normal, prompt zu reagieren, wenn man zum ersten Mal von der Polizei hört, ein Kind sei festgenommen worden. Sich genauso zu verhalten, wenn ein Teenager Stammgast auf dem Polizeirevier wird, ist falsch. Irgendwann muß ein Teenager, der ständig das Gesetz bricht, darüber nachdenken, wie es weitergeht, wenn ihm die Eltern nicht mehr helfen können, weil er zu alt dafür ist. Wenn sich seine Eltern, statt sofort alles stehen und liegen zu lassen um ihm zu Hilfe zu kommen, Zeit nehmen und ihn vielleicht eine Nacht lang in der Zelle schmoren lassen, dämmert ihm vielleicht etwas – nämlich, daß sein kriminelles Verhalten letztendlich seine Sache ist, und nicht Ihre.

Welche Verantwortung ausschließlich beim Teenager liegt und welche von seinen Eltern übernommen wird, unterscheidet sich von Familie zu Familie. Wichtig ist, daß überhaupt unterschieden wird. Ist das nicht der Fall, übernehmen die Eltern immer mehr selbst, so gibt es für sie nur immer weitere Gründe, um von ihren Kindern enttäuscht zu sein, und irgendwann immer mehr Gründe, daß man Angst um sie hat.

Wenn Eltern nicht loslassen können, haben sie meistens nur Angst um ihren eigenen »guten Ruf«. Die simple Tatsache, daß der Sohn Maskara benützt, erhält enorme Bedeutung. Es fängt mit der Sorge an, was Großpapa denken wird, weitet sich dazu aus, was die Nachbarn sagen werden, und zieht immer weitere Kreise. Die Mitgliedschaft im Club könnte gefährdet sein, und eine möglicherweise brillante Laufbahn im Landwirtschaftsministerium könnte Schaden deswegen nehmen. Schlimmer noch, der Teenager entwickelt die Vorstellung, nicht einmal allein entscheiden zu können, wie sein Gesicht aussehen soll. Wenn man mit schöner Regelmäßigkeit zu hören bekommt, man sei nicht kompetent, dann verhält man sich bald entsprechend.

Was eine angemessene und unverzichtbare Kontrolle für eine Dreijährige war, ist bei einer jungen Erwachsenen vollkommen unangebracht. Aber manche Teenager wehren sich nicht. Sie kapitulieren angesichts der übermächtigen Eltern und werden zu nachgiebigen Erwachsenen, die jemanden brauchen, der alle Entscheidungen für sie trifft. An welches Alter denken wohl Eltern, die erklären: »Fünfzehn ist viel zu jung, da kann Emily die Verantwortung für ihr Verhalten noch nicht selbst tragen.« Glauben Sie vielleicht, eigene Verantwortung kommt ganz von selbst, so wie Ihr Weisheitszahn? Ich kenne Leute, die schon in Rente sind und sich immer noch weigern, selbst die

Verantwortung für ihr Leben zu übernehmen – oder einfach nicht wissen, wie man das macht.

Sie geben die Zügel ab, und die Kinder werden reifer. So ist das nun mal. Nicht anders herum. Wenn Sie das schwierig finden, sind Sie einfach nur normal. Vor allem, wenn die Altersspanne in Ihrer Familie weit auseinanderklafft, müssen Sie ständig zwischen der Kontrolle, die für ein siebenjähriges Kind angemessen ist, und dem Vertrauen und Respekt, wie sie einem Sechzehnjährigen zukommen, hin- und herspringen. Das ist schwierig und verwirrend, und es bleibt nicht aus, daß Sie die beiden manchmal verwechseln. Am schwierigsten ist es, den richtigen Umgangston für einen jungen Teenager zu finden, der schon ein bißchen erwachsen, aber noch immer hauptsächlich Kind ist. Ein Dreizehnjähriger verlangt tatsächlich äußerst flexible Reaktionen. Ehe Sie handeln, müssen Sie überlegen und sich fragen: »Ist das jetzt Kate, die junge Erwachsene? Oder haben wir es hier mit der kleinen Kate zu tun, die im Bett am Daumen lutscht und immer noch ›Fünf Freunde‹ liest?«

Am leichtesten ist es, wenn man die Kontrolle Stück für Stück abgibt. Und das sollte man nicht einfach tun, mit zusammengebissenen Zähnen – nein, man sollte sich für die Folgen dieses Loslassens interessieren und sich vielleicht sogar daran freuen. Wenn Sie darauf bestehen, den Kopf in den Sand zu stecken, während Sie loslassen, entgeht Ihnen das Beste – nämlich die Entdeckung, daß auch Ihr Kind ein richtiger Mensch ist. Nur zu leicht sieht man in einem Teenager nichts weiter als eine Ansammlung schlechter Gewohnheiten. Nur allzu leicht vergißt man, wie einen dieses einzigartige Wesen entzückt hat, als es drei Jahre alt war.

Ich weiß, das hört sich nicht sehr vielversprechend an. Wenn eine Dreijährige darauf besteht, links und rechts verschiedene Strümpfe zu tragen und immer wieder ihre Benjamin-Blümchen-Kassette zu hören, sehen ihre Eltern in ihr einfach etwas reizend Eigenwilliges und erzählen jedem, der es sich anhören will, von ihrer lustigen Art. Ihre Verletzlichkeit läßt ihre persönlichen Ticks – zumindest in den Augen der Eltern – liebenswert aussehen. Dreizehn Jahre später, und aus ihren netten Eigenarten sind Fehler geworden. In ihrem Bestreben, gesellschaftliche Anerkennung für ihre elterliche Leistung zu ernten, legen die Eltern jetzt Maßstäbe an, die sie an niemanden sonst anlegen würden. Täten sie es, stünden sie nämlich allein da und müßten auf sämtliche Freunde verzichten.

Wir alle leben in einer Welt voll Verrückter, die alles ganz anders machen, als wir es tun würden. Manchmal ist das frustrierend, aber meistens ist es interessant. Wir haben Freunde und Geliebte, die uns oft mit ihren Ansichten, ihren Verhaltensweisen und ihrem Geschmack überraschen, aber wir lieben sie trotzdem. Wenn wir die zum Essen treffen, sagen wir nicht gleich: »Warum läßt du dir nicht die Haare schneiden? Deine neue Freundin zieht dich in die Gosse. Hast du dich schon für deine Weihnachtsgeschenke bedankt? Sitz gerade. Ich hoffe, du bist dir klar darüber, daß du die Welt nicht retten wirst, indem du Greenpeace unterstützt. Willst du, daß sich das Ding an deinem Kinn in einen Vulkan verwandelt? Bestell dir einen Salat.«

Wenn Sie mit Ihrem Kind diese Art von Monolog führen, gibt es zwei nützliche Übungen für Sie. Eine besteht darin, an Ihre Freunde zu denken. Die, die zuviel trinken, die anderen, die wochenlang im selben Hemd herumlaufen, und diejenigen, die glauben, Rachmaninow sollte man am besten *fortissimo* spielen. Sie glauben vielleicht, Ihre Freunde trotz ihrer merkwürdigen Eigenarten zu mögen. Aber wenn Sie genauer hinsehen, werden Sie feststellen, daß gerade diese Eigenarten der Grund dafür sind, daß Sie sie mögen. Aber wenn Sie die Gesellschaft von Freunden genießen können, die Dinge tun, die Sie nie wagen würden, die keine Angst davor haben, ein Risiko einzugehen oder dumm auszusehen, warum können Sie dann nicht auch die Gesellschaft Ihrer heranwachsenden Kinder genießen, die all dies und noch mehr tun?

Als zweite nützliche Übung sollten Sie sich ganz für sich erinnern, wie Sie selbst als Teenager waren. Das Alter hat Ihre Erinnerungen vielleicht mit einem schützenden Make-up überdeckt. Suchen Sie ein Foto von sich selbst, aus der kritischsten Zeit Ihrer Selbstfindung, und erinnern Sie sich an die Tatsachen. Wer trug damals Schlaghosen mit dreieckigen Einsätzen? Wer schwor allen Ernstes: entweder Mick Jagger heiraten – oder ein Leben in Keuschheit? Sie wollten niemals eine Versicherung abschließen oder einen Bierbauch bekommen? Sie kannten die Fragen, Sie hatten die Antworten. Und dann?

Sie haben sich weiterentwickelt. Vielleicht sehen Sie Ihre Teenagerzeit jetzt durch einen Schleier der Verlegenheit. Als eine Zeit, in der Sie dämlich aussahen und sich noch blöder anhörten. Aber hatten Sie nicht auch etwas Rührendes und Mutiges an sich? Und können Sie das nicht jetzt in Ihren Kindern sehen, jetzt, wo sie das Alter erreicht haben, in dem man versucht, bestehende Ordnungen umzustoßen? Wenn Sie einmal den Zynismus der letzten fünfundzwanzig Jahre beiseite schieben, freuen Sie sich dann nicht über die Energie und den Optimismus Ihrer Teenager? Sind Sie in diesen ultra-angepaßten neunziger Jahren nicht glücklich, wenn Sie diese Anzeichen von Leben entdecken?

Manche Eltern können diesen Ansatz nicht leiden. Sie wissen, was Sache ist. Die Vorstellung, ihren hart erkämpften Standpunkt aufzugeben und sich mit dem

Feind anzufreunden, behagt ihnen überhaupt nicht. Können Sie es sich wirklich leisten, Verständnis zu zeigen, wenn Sie ein angesehenes Mitglied der Handelskammer sind und Ihre Tochter hat sich eine perforierte Linie um den Hals tätowieren lassen? Können Sie es sich leisten, kein Verständnis zu zeigen?

Loszulassen heißt nicht, die Werte aufzugeben, die Sie Ihren Kindern zu vermitteln versucht haben. Im Gegenteil. Eine Grundvoraussetzung für das Loslassen ist das Wissen, daß diese Werte immer noch gelten. Das Vermitteln von Werten und Spielregeln ist eine fortlaufende Handlung, hauptsächlich während der frühen Jahre eines Kinderlebens. Auf diese Weise werden sie am besten verinnerlicht, und das ist sehr beruhigend, selbst wenn es einem Kind nicht bewußt ist. Je besser ein Teenager die Maßstäbe und Grenzen der Eltern kennt, desto zuversichtlicher können diese zurücktreten und ihrem Kind die Verantwortung für sein eigenes Verhalten übertragen.

Sobald Eltern ihre Angst vor dem Loslassen überwinden, erhalten sie ihren Lohn. Haben Sie überhaupt eine Vorstellung davon, wieviel Energie es kostet, das Kommen und Gehen und die geheimen Pläne eines Teenagers zu überwachen? Ganz zu schweigen von der Frage, ob das Kind genügend Vitamin C zu sich nimmt? Sobald Sie die Verantwortung abgeben, kehrt diese Energie in Sie zurück. Und Sie könnten sie brauchen! Manchen Teenagern gefällt es gar nicht, Eigenverantwortung zu übernehmen, und sie drehen glatt durch. Doch dazu kommen wir später.

In vielen Familien, in denen um Schlafenszeiten, Hausaufgaben und ordentliche Jacketts gestritten wurde, ist die Erleichterung greifbar, die dieser Machtübertragung folgt. Wenn Ihre Tochter nicht mehr dazu herhalten muß, die Erwartungen der Nachbarn zu erfüllen, wenn sie nicht mehr tun muß, was Sie tun würden, wären Sie noch einmal in ihrem Alter, erweist sie sich früher oder später als hochinteressante Person.

Ich habe das an mir selbst beobachtet. Als die Tochter meiner Freundin die Schule abbrach, stand ich ihren Gründen wohlwollend gegenüber (sie hatte ganz offensichtlich die falschen Fächer gewählt). Ich sagte ihr, daß ich mir Sorgen machte um ihre Zukunft, schließlich haben wir drei Millionen Arbeitslose und eine Rezession, die sich gewaschen hat, aber dann erklärte ich ihr im vollen Ernst, ich sei überzeugt, sie würde ihren Weg schon machen. Als meine eigene Tochter die Schule abbrach, flippte ich aus!

Es ist faszinierend zu beobachten, wie sich Ihr Teenager entscheidet, wenn er sich halbwegs von den Eltern gelöst hat. Sie werden rasch merken, daß es so etwas wie eine vergoldete, fehlerfreie RICHTIGE ENTSCHEIDUNG kaum gibt. Was auf kurze Sicht richtig scheint, kann sich auf lange Zeit als idiotisch erweisen, und eine dumme Entscheidung kann dazu führen, daß man lernt. Als Erwachsene bewundern wir Menschen, die absehbare Risiken eingehen, sich wechselnden Umständen anpassen, die nach einem Fehlschlag wieder aufstehen, ihren Fehler zugeben und es noch einmal versuchen.

Lucy setzt vielleicht eine Karriere im Versicherungswesen in den Sand, wenn sie mitten in der Nacht Radio hört und im Matheunterricht einschläft. Aber vielleicht wollte sie sowieso nicht ins Versicherungsgeschäft einsteigen. Oder sie entdeckt, daß sie lange aufbleiben und trotzdem ihren Job behalten kann, wenn sie es nicht übertreibt. Sie könnte auch beschließen, eine brillante Unternehmerin zu werden, die selbst über ihre Arbeitszeit bestimmt und nur Menschen einstellt, die auch bis spät in die Nacht Radio hören. Sie kann allerdings auch diejenige werden, die für den Diskjockey nachts den Kaffee kocht.

Ich werde Lucys Möglichkeiten nicht bewerten. Nur soviel: Sie könnte auch beschließen, Mama und Papa entscheiden zu lassen, auf immer und ewig. Und wenn diese ihr keinen Schubs geben, zittert sie vielleicht ihr Leben lang, wenn sie über ihre Schlafenszeiten, ihre Karriere oder irgend etwas anderes entscheiden soll. Sie verläßt das Elternhaus vielleicht nie. Und *das* würde ich ganz entschieden als FALSCHE ENTSCHEIDUNG bezeichnen.

Lucy könnte Ihr Teenager sein. Sie könnte anfangen, die Verantwortung für sich selbst zu übernehmen, mit Ihrer Unterstützung. Sie könnte ein paarmal ins Fettnäpfchen treten, könnte am Nestrand schwanken und dann fliegen. Oder sie könnte mit vierzig noch bei Ihnen sein und noch immer ihre Fäustel am Band um den Hals tragen, weil Sie finden, so wäre es besser. Das ist der Unterschied, den das Loslassen ausmacht.

## Sperr mich ein, binde mich fest

### *Die Folgen des Loslassens*

Teenager kreischen und stampfen mit den Füßen auf, daß die Fensterscheiben klirren, alles nur, damit Sie endlich begreifen, daß sie keine Kinder mehr sind. Also denken Sie darüber nach und in Ihrer Güte und Weisheit beschließen Sie, Ihre Kinder nicht mehr vierundzwanzig Stunden täglich zu maßregeln. Sie beginnen mit dem beunruhigenden, aufregenden Prozeß des Loslassens. Und was passiert? Alles wird nur noch schlimmer.

Was aussah wie die einfachste Sache der Welt – nämlich Ihrer Tochter die Verantwortung dafür zu übertragen, morgens aufzustehen, ihr Taschengeld zu verwalten und ihren Hockeyschläger nicht zu verlieren –, erweist sich als sehr kompliziert. Die Machtübertragung ist zwar gut und wünschenswert, aber sie kann nicht kampflos vonstatten gehen. Und dieser Kampf ist schwerwiegender, als man zunächst einmal denkt. Der Teenager braucht etwas, was die Eltern in ihrer Angst nicht geben können: Bestätigung und Gewißheit. Außerdem fürchtet sich das Kind davor, zu bekommen, was es braucht. Und wenn es die Eltern ihm geben, haben sie Angst davor, wohin das führt. Ohne sich darüber im klaren zu sein, haben beide Seiten gute Gründe, alles beim alten zu belassen.

Die heiße Kartoffel, um die alle streiten und die eigentlich keiner recht will, nennt sich Autonomie. Wir wissen, daß wir darüber verfügen müssen, ehe wir etwas aus unserem Leben machen können. Es ist anregend, darüber zu reden. Es ist aufregend, davon zu träumen, sie zu besitzen. Aber sie tatsächlich zu haben ist äußerst erschreckend. Deshalb ist der erste Gedanke Ihrer Tochter, wenn Sie beschließen, daß sie jetzt Dutzende von Entscheidungen selbst treffen muß: »Ach, du Scheiße!« Aber das ist noch nicht alles. Fünfzehn Jahre lang haben Sie geknurrt, wie anders Ihr Leben aussehen würde, wenn Sie sie nicht immer vom Kindergarten abholen und abends zu Bett bringen müßten. Jetzt ist Ihre Zeit gekommen! Und Ihre Tochter ist nicht die einzige, die denkt: »Ach, du Scheiße!«

Ein Teenager am Rande der Unabhängigkeit und Eltern am Rande der kinderlosen mittleren Jahre haben sehr viel gemeinsam. Beide sehen sich dem Abenteuer gegenüber, neue Richtungen einschlagen zu dürfen, hinter sich lassen zu können, was ihnen nicht mehr paßt, sich neu zu definieren. Beide befinden sich in emotionalem und körperlichem Aufruhr. Die Teenietochter fürchtet, mißgebildet zu sein und lebenslänglich häßlich zu bleiben, und sie ist sich ganz sicher, daß ihre Füße zu groß sind. Ihr Vater hat sich mit der Größe seiner Füße abgefunden, aber er kämpft jetzt mit Haarausfall, einem Einbruch in seiner Karriere, und beängstigenden Rettungsringen am Bauch.

In Familien, in denen diese Ängste stark ausgeprägt sind, werden Eltern und Kinder Komplizen und versuchen, den Status quo aufrechtzuerhalten, solange es geht. Sie hindern sich selbst und gegenseitig daran, autonome Menschen zu werden, und streiten ständig darüber, wer bei alledem wohl am unglücklichsten ist. Sie machen ein paar kurze Versuche mit dem Loslassen, der Teenager kriegt es mit der Angst zu tun, die Eltern fühlen sich überflüssig, und beim ersten Anzeichen von Schwierigkeiten klettern alle wieder zurück in den Ring. Was folgt, sind ein paar neue Runden *Wenn du nicht wärst...*

Teenager behaupten zwar, daß sie ihre Freiheit wollen. Aber es ist nur natürlich, daß sie ihnen Angst macht. Diese Angst ist Teil des menschlichen Wesens.

Sie verschwindet nicht an ihrem einundzwanzigsten Geburtstag oder an dem Tag, an dem sie leitender Direktor werden. Soweit wir wissen, hört sie erst auf, wenn wir unseren letzten Atemzug getan haben. Mit diesem Wissen ausgerüstet sollten Sie verstehen, warum Ihre Teenagertochter Sie zunächst zu bewegen versucht, die Kontrolle gleich wieder zu übernehmen. Sie hören auf zu kontrollieren, ob sie zur Schule geht, und schon verbringt sie eine ganze Woche kaugummikauend im Einkaufszentrum. Vielleicht testet sie nur Ihre Entschlossenheit. Wahrscheinlicher ist allerdings, daß es sich hierbei um einen Hilfeschrei dessen handelt, was von dem kleinen, abhängigen Kind noch übrig ist. »Komm und hol mich! Schleife mich schreiend und strampelnd zur Schule! Ich will nicht selbst für meine Ausbildung verantwortlich sein. Mir gefällt es besser, wenn ich schmollen kann, weil du dafür verantwortlich bist.«

Wenn das passiert, handeln Eltern sehr schnell, vor allem, wenn einem von ihnen dieses neumodische Loslassen sowieso nicht gepaßt hat. Es reicht schon, wenn ihr Vertrauen ein einziges Mal mißbraucht wird, und schon überstürzen diese Eltern sich förmlich, um wieder die volle Kontrolle zu übernehmen. Für kurze Zeit fühlen sich alle dann wieder wohl. Die Eltern fühlen sich in ihrer ursprünglichen Ansicht bestätigt, daß ihr Kind ein verantwortungs- und hoffnungsloser Fall ist, und die Tochter kann weiterhin das böse, launische Tier hinter Gittern spielen. Eine herrliche Rolle! Kurz danach geht der Ärger von vorne los:

»Laßt mich doch endlich in Ruhe!«

»Ich denke nicht daran!«

»Wenn du nicht verschwindest, halte ich den Atem an, und dann tut es dir leid.«

»Also schön. Versuchen wir's. Mach, was du willst.«

»Endlich frei! Hilfe! Der Geldautomat hat meine

Karte verschluckt, ich brauch Geld für meine Berlinreise, und ich weiß nicht, ob ich Wodka mag. Komm schnell, sonst tut es dir leid.«

»Soso. Sieht fast so aus, als wärst du doch nicht so ein großes Mädchen. Jetzt trink erst mal eine Tasse Tee, und dann setzen wir uns in Ruhe hin und treffen ein paar hübsche Entscheidungen für dich.«

»Laßt mich doch endlich in Ruhe!«

Wenn man erst einmal den schweren, ersten Schritt hinter sich gebracht hat, besteht der Rest im Durchhalten. Machen Sie die Luke dicht, verschanzen Sie sich dahinter und bestehen Sie darauf, daß Ihr Kind alt genug ist. Ich habe die Erfahrung gemacht, daß es auf diese Weise zwar eine harte Zeit wird, aber daß sie viel schneller vorüber ist, als wenn man zögert und Rückzieher macht. Heiterkeit und Zuversicht sind ansteckend. Wenn Sie glauben, daß Ihre Tochter alt genug ist, um selbst über Schlafenszeit, Ladendiebstahl, Frisuren und Sex zu entscheiden, dann glaubt sie das bald auch selbst. Aber es gibt nichts Entmutigenderes als die vereinten Stimmen von Mama, Papa, Stiefvater, Oma, Tante Anna, Onkel Peter und allen Einwohnern von Nummer 14, die flüstern: »Das schafft die nie! Wartet nur ab! Die bricht jeden Augenblick zusammen! Seht ihr! Sie hat es nicht geschafft!«

Das heißt nicht, daß Ihre Tochter nicht auch Fehler macht, wenn Sie ermutigend und mit ruhiger Zuversicht auf sie einwirken. Das wird unweigerlich passieren. Ich weiß nicht, wie es Ihnen geht, aber ich bin fünfundvierzig und mache noch immer Fehler. Es gibt nur einen Weg, sein Leben von Fehlern frei zu halten: Indem man überhaupt nichts tut. Teenager sind Lehrlinge, was das Beurteilen, Wählen und Entscheiden angeht. Bis zur Pubertät sind sie im großen und ganzen mit dem einverstanden, was ihre Eltern entscheiden. Müssen sie ja auch. Wenn sie nicht mit einer überdurchschnittlichen Menge Widerstandsgeist ausgestattet sind, verbringen sie ihre Kindheit in dem Glauben, vom Blitz getroffen zu werden, wenn sie nein sagen, und das wollen sie denn doch nicht riskieren.

Mit zunehmendem Alter kommt die Erkenntnis, daß Eltern keine allwissenden, allmächtigen Stars sind. Sie können schwach oder unwissend sein, gelähmt von ihren Vorurteilen und Ängsten. Teenager müssen den Mut finden, bei den Menschen, die sie lieben und bis vor kurzer Zeit noch angebetet haben, all das zu erkennen. Am Anfang macht ihnen ihr eigener Schatten noch Angst. Und die Eltern können das Problem diesmal nicht für sie lösen, weil sie selbst ja das Problem sind. Sie müssen sie selbst sein, mit der ganzen Last ihrer Meinungen und Erfahrungen, und Ihr Teenager muß den Mut aufbringen, er selbst zu sein.

Hilfreich ist es, wenn man Eltern hat, die glücklich sind zu sein, was sie sind. Aber wehe dem Teenager, dessen Mama oder Papa noch immer mit den eigenen Eltern Konflikte austragen muß! Wie sollen solche Eltern auch die gesunde Rebellion ihrer Kinder ertragen, wenn sie vierzig sind, sich noch immer nicht von *ihren* Eltern gelöst haben und sich Dinge anhören müssen wie: »Du wirst mich nie davon überzeugen, daß du nicht glücklicher wärst, wenn du Susan geheiratet hättest«, oder: »Natürlich hoffe ich immer noch, daß du eines Tages ein anständiges Haus hast. Ich liege nachts wach und mache mir Sorgen, wie jemand mit einer Tragbahre diese enge Wendeltreppe runterkommen soll. Hab' ich dir schon erzählt, wie schön Dereks Haus ist?«

Wenn Sie also beschlossen haben, loszulassen, dann tun Sie es auch! Und die beste Reaktion auf einen Teenager, der versucht, Sie durch immer neue Eskapaden dazu zu bringen, die alten Spielchen weiterzuspielen, besteht darin, gar nichts zu tun. Sie merken schon, wenn etwas wirklich Besorgniserregendes passiert. Sie sind seit dem Tag, an dem Ihr Kind geboren wurde, darauf eingestellt, alarmierende Entwicklungen aufzuspüren. Wenn es keine gibt, wenn der betreffende Teenager einfach nur innerhalb sicherer Grenzen verantwortungslos bleiben will, tun Sie so, als würden Sie es nicht bemerken. In den meisten Fällen ist die Wut eines Teenagers nicht von langer Dauer, und auch die Angst läßt nach. Er lernt, einen Wecker zu benutzen. Er entdeckt, was dabei herauskommt, wenn man den ganzen Stoff aus dem Chemieunterricht erst am Prüfungstag im Bus wiederholt. Und trotzdem bricht die Welt nicht zusammen.

Manchmal dauert der Kampf etwas länger. Manchmal mischen sich andere ein. Wenn Nachbarn oder Lehrer verlangen, Sie sollten Ihren großen Stock herausholen, überlegen Sie, ob es nicht besser ist, wenn der Teenager selbst sich den Beschwerden stellt. Das zu erreichen ist so leicht wie das Unterschreiben eines Schecks für den angerichteten Schaden, und auch Entschuldigungen für etwas, was der Teenager angerichtet hat, lassen sich leichter murmeln, aber es könnte sich lohnen! Wenn einem Teenager die Wut eines Fremden voll ins Gesicht bläst, wirkt sich das manchmal sehr positiv aus. Sie geraten vielleicht vorübergehend in den Ruf, ein verantwortungsloser Vater oder eine ebensolche Mutter zu sein, aber es lohnt sich, weil man dafür vom Teenager mit verantwortungsvollerem Betragen belohnt wird.

Gelegentlich kommt es auch vor, daß ein Teenager sich nicht beruhigt, wenn er begreift, was Sie mit dem Loslassen gemeint haben. Das Kind kann oder will die neue Verantwortung und Freiheit nicht akzeptieren und überschlägt sich fast in dem Bemühen, Sie dazu zu bringen, die Kontrolle wieder zu übernehmen. Ich weiß genau, wie beängstigend die Drohungen eines Kindes sein können, vor allem, wenn dieses Kind einen guten Kopf größer ist als Sie. Je eher Sie beschließen, das in den Griff zu bekommen, desto größer sind Ihre Chancen durch einfachen Rückzug. Wenn Sie sich taub stellen, wenn eine Dreizehnjährige ihre Drohungen ausstößt, wenn Sie nicht auf Panik machen, wird das Kind schon bald den Mut verlieren. Eine Drohung, auf die niemand reagiert, ist langweilig. Aber wenn Ihr Teenager sieht, daß Sie auf Drohungen reagieren, reicht es vielleicht nicht mehr, ihm die Aufmerksamkeit zu entziehen, wenn er größer als Sie ist. Da ich Erfahrungen mit Forderungen gemacht habe, die mit dem Messer an der Kehle ausgestoßen wurden, kenne ich das Entsetzen und die Ohnmacht, die normale Denkprozesse lähmen. Ich habe damals zwei Dinge getan. Drei, wenn man das Zittern mitzählt. Ich habe mich geweigert, den Forderungen Folge zu leisten. Und ich habe für ein paar Tage die scharfen Messer versteckt, bis die Luft wieder rein war. Ein solcher Vorfall hat sich nie wiederholt.

Wenn sich ein Teenager schlecht, blöd oder einfach kindisch verhält, gibt es zwei Dinge, die Sie tun können. Es kommt auf das Alter des Teenagers, auf die Situation und auf Ihre eigenen Stärken und Schwächen an. Sie können Ihrem Teenager ganz genau sagen, wie Sie sich fühlen und was Sie denken. »Ich habe gehört, du warst letzten Samstag so betrunken, daß du nicht mehr stehen konntest. Ich kann dir nicht ständig nachlaufen und aufpassen, daß du nicht zuviel trinkst. Du bist alt genug, um solche Dinge allein zu entscheiden. Aber als ich das gehört habe, stellte ich mir vor, du würdest unter der Brücke enden, mit zerfressenem Hirn und ohne Familie, zu der du dich flüchten könntest. Das verschafft mir Alpträume, muß ich gestehen.« Wichtig ist klarzustellen, daß Sie wissen, daß Ihre Kinder selbst auf sich aufpassen können, wenn sie nur wollen.

Manche Eltern werden alles mögliche tun, um ein Problem im Kreis der Familie zu lösen. Aber wenn ein Notfall eintritt und feststeht, daß etwas getan werden muß, macht es sich bezahlt, vorurteilsfrei zu entscheiden, wer es tun soll. Wenn ein Teenager sich weigert, die Verantwortung für sich zu übernehmen, und wenn er dadurch in gefährliche Extreme verfällt, muß vielleicht ein Fremder, sagen wir ein Polizist oder ein Arzt, Grenzen setzen. Da diese Art externer Kontrolle so kurz wie möglich dauern soll, muß sie wirksam und genau sein. Während nun also eine Autoritätsperson dem Teenager vorübergehend feste Grenzen setzt, müssen die Eltern an dem Gedanken festhalten, daß ihr Kind erwachsen wird, und sie müssen dafür sorgen, daß ihr Kind das auch weiß.

Der Teenager, der nach Freiheit verlangt und dem sie nicht gefällt, wenn er sie dann hat, ist nur die eine Hälfte der Geschichte. Was das Kind übernehmen soll, müssen die Eltern aufgeben, und das ist schmerzhaft. Was soll jetzt aus Ihnen werden, wenn Ihr Lebenssinn in den vergangenen fünfzehn Jahren darin bestanden hat, Melanie zu erziehen? Als Eltern sollten wir nicht unterschätzen, wie überflüssig wir uns jetzt plötzlich vorkommen können. Während wir nach außen hin fröhlich erklären, wie sehr wir die neue Freiheit genießen, ziehen wir insgeheim vielleicht die Bremse an, weil wir nicht zu schnell zu frei sein wollen. Jeder, der lange für Kinder gesorgt hat, lernt dieses Gefühl kennen. Wenn es Kindermädchen und Lehrer und lange Trennungen gegeben hat, wird die Wirkung durch Zeit und Gewohnheit abgeschwächt, aber irgendwann muß sich jeder Vater, jede Mutter fragen: »Wenn ich nicht Melanies Vater/Mutter bin, was bin ich dann?« Selbst in den neunziger

Jahren hat Mama, bei aller Chancengleichheit, noch härter damit zu kämpfen als Papa.

Papa hat sich vielleicht auf den Tag gefreut, an dem er endlich eine Woche Angelurlaub planen kann, ohne dabei über Ferientermine, Kosten und die Tatsache nachdenken zu müssen, daß Melanie keine fünf Minuten stillsitzen kann, ohne nach einer Pepsi zu schreien. Wenn er dann feststellt, daß er endlich angeln kann, ohne ständig mit einem Auge nach hinten zu schielen, verfällt er allenfalls in eine kurze Depression und blättert dann die Fotoalben durch, die Melanie als Fünfjährige zeigen. Kurz darauf ist er schon wieder auf dem Wege der Besserung, packt seine Angelruten und dankt dem Himmel, daß seine Tochter jetzt so damit beschäftigt ist, einem pickelfreien Kinn und einem Knaben namens Jason hinterherzujagen, daß es ihr gar nicht mehr auffällt, wenn Papa nicht da ist. Für Melanies Mutter ist es viel komplizierter.

Die Mütter der Teenager von heute arbeiten für ihren Lebensunterhalt, aber in der Chefetage sitzen sie selten. Die meisten schuften, weil ihre Familien sonst weder ein Dach über dem Kopf noch etwas zu essen hätten. Die Pläne zur beruflichen Laufbahn und Ausbildung oder zur persönlichen Entwicklung müssen hinter diesen Prioritäten zurückstehen. Ihre Hauptsorge besteht darin, ihren Job nicht zu verlieren und den Schornstein am Rauchen zu halten.

Vor Jahren, als die Mütter noch mit Mehl in den Haaren und einem Staubwedel in den Händen daheim blieben, stürzten sie sich auf jeden Ankömmling, noch ehe der Gelegenheit hatte, seinen Schulranzen auf den Boden zu werfen. »Du kommst zu spät. Und wie sieht deine Hose wieder aus! Iß das nicht, sonst schmeckt dir der Tee nicht. Hol deine Geige raus. Was hat Herr Robinson zu deinen Matheaufgaben gesagt? Heute abend wird gebadet.« Ein Wunder, daß wir überhaupt erwachsen geworden sind! Vermutlich haben wir das geschafft, indem wir das maschinengewehrähnliche Plappern unserer Mütter überhaupt nicht gehört haben. Als wir dann erwachsen waren, konnten wir Mamas Spiel besser durchschauen. Sie hatte genörgelt und gemeckert, um uns so unterwürfig und abhängig zu machen, daß sie ihren Job als Mutter nicht verlor.

Der Gegensatz zwischen Müttern, die mit Hausarbeit den ganzen Tag ausfüllen konnten, und den heutigen Müttern ist erstaunlich. Für die Mutter von heute ist der Tag immer zu kurz. Sie rennt von der Stempeluhr zum Supermarkt, vom Supermarkt zum Bügelbrett, und ab und an muß sie auch noch den Elternabend einschieben. Sie ist eindeutig nicht unterbeschäftigt. Die Mütter von heute müßten sich doch freuen, wenn sie Verantwortung abtreten können – die Auswahl der Kleider für ihre Kinder, das Überwachen der Hausaufgaben, die mit militärischer Präzision durchgeführte Suche nach der Quelle des Gestanks im Zimmer ihres jüngeren Sohnes, die Sorgen um das Sexualleben der Tochter.

Nun ja, in Wirklichkeit ist es nicht ganz so. Die überlasteten, gestreßten, arbeitenden Mütter würden zwar nur zu gern alle möglichen Dinge abtreten, aber die Position der Unverzichtbaren Nummer Eins möchten sie keineswegs aufgeben. Mütter, die in Geschäften und Büros und Fabriken arbeiten, wissen, daß sie da draußen nicht viel zählen. Sie sind Zahlen auf einem Gehaltsstreifen, Namen auf einer Kaffeerunde. Ihre Basis ist daheim.

Das leuchtende Vorbild für unsere Kinder zu sein, ist etwas, worauf sie nicht gerne verzichten. Ob Sie nun die Art von Arbeit erledigen, in der Sie – offen gesagt – überhaupt keine Macht haben, oder die Art von Arbeit, bei der Sie Ihren Wagen auf einem reservierten Parkplatz abstellen dürfen – nichts ist so berauschend, als wenn man zu Hause der Boß ist. Was bleibt uns noch, wenn wir die Verantwortung für unsere Teenager aufgeben? Ein paar Arbeitstage mehr? Noch ein, zwei Stufen weiter auf der Karriereleiter ins Nichts? Lange, leere Abende tun sich vor uns auf, an denen niemand geschimpft, geknuddelt oder um elf von der Disko abgeholt werden muß. Wenn wir unseren Teenagern erlauben, erwachsen zu werden, erleiden wir selbst einen großen Verlust.

Aber es bleibt uns gar nichts anderes übrig, und für die Unabhängigkeit unserer Kinder ist es unerläßlich, daß wir es von ganzem Herzen tun, ohne Leidensmiene und ohne insgeheim auf ihr Stolpern zu warten, damit wir hinzustürzen und ihnen hochhelfen können. Je mehr wir in unserem eigenen Leben aufgehen, desto überzeugender sind wir, wenn wir unseren Kindern sagen, daß sie sich um ihr eigenes Leben kümmern sollen.

Neben unserer Elternrolle müssen wir noch andere Interessen haben und diesen Interessen auch in zunehmendem Maße den Vorrang einräumen. Das ist der Schlüssel zum richtigen Loslassen. Wenn wir wirklich wollen, daß unsere Teenager ein starkes Selbstwertgefühl entwickeln, müssen wir ihnen ein Vorbild sein. Wenn Sie erklären, unmöglich ein Gewächshaus bauen oder den Atlantik in einem Segelboot überqueren zu können, ehe Ihre Kinder nicht gut verheiratet sind, so ist das nicht gerade anregend. Es stinkt nach Feigheit. Und es verstümmelt die Botschaft, daß Sie Besseres zu tun haben, als einen Kerl von einsachtzig mit Drei-Tage-Bart zu beaufsichtigen.

Ich habe in diesem Punkt sehr hart an mir gearbeitet. Ich habe nicht nur erklärt, daß ich ein eigenes Leben habe: Ich benutze es auch als eine Art Rettungsanker, wenn ich mal wieder das Leben meiner älteren Teenager in Ordnung bringen soll. Wenn einer von ihnen eine filmreife Schau abzieht und ich mir *wirklich* Sorgen mache, dann schluchze ich jetzt nicht mehr. Ich werfe statt dessen einen kurzen Blick auf die Situation, und wenn es nach einem Erpressungsversuch aussieht – und das tut es oft! –, marschiere ich schnurstracks davon. Wenn möglich, tue ich etwas Nettes. Für mich!

Es ist ausgesprochen verlockend, die Quelle von Weisheit, Geld und brillanten Rettungsvorschlägen zu sein, aber ich kann widerstehen. Ich habe mir vorgenommen, das Auf und Ab des Lebens mit vier angelernten Erwachsenen zu akzeptieren und meinen Posten als Ein-Frau-Rettungsmannschaft dann zu verlassen. Irgendwann, bald.

## Immer nur lächeln

*Die gute Nachricht über Teenager*

Ihre Kinder werden nicht lange Teenager sein. Im schlimmsten Fall sind es acht Jahre. Ein bloßer Tropfen im Ozean Ihres Lebens. Die meisten Kinder sind sogar nur halb so lang ernsthaft schwierig. Und es ist auch nicht alles nur schlecht. Das Leben mit einem Teenager ist auf viele Arten aufregend, interessant, ja sogar angenehm. Wahrscheinlich muß man Sie ja nur daran erinnern, welche Arten das sind.

In den Teenagerjahren können Sie den ersten Blick auf den Erwachsenen erhaschen, zu dem Ihr Kind einmal wird. Manche Leute haben Kinder, weil sie eine Entschuldigung brauchen, um einen dieser Kinderwagen kaufen zu können, die sich in Tragetaschen, Sportwagen und Zwölf-Gang-Mountain-Bikes verwandeln lassen. Oder weil sie verheulte, schniefende kleine Gesichter mögen, die ihnen auf die Kaschmir-Jacke sabbern. Aber nach den Flitterwochen muß es noch ein wichtigeres Ziel geben, das uns hilft, die Elternjahre zu ertragen. Die meisten von uns würden wohl sagen, daß wir gern ein kleines Stück von uns selbst an die große, unbekannte Nachwelt übergeben möchten. Wir können unsere Kinder nicht genauso machen wie uns, auch wenn wir das gern täten. Aber normalerweise ist die Ähnlichkeit groß genug, um den Hunger nach Unsterblichkeit zu stillen, den wir alle in uns tragen.

Ihre Teenietochter sieht vielleicht aus wie Sie, hört sich sogar an wie Sie, und doch ist sie viel interessanter als ein Klon. Sie hat eigene Gedanken und Meinungen und einen eigenen Geschmack, und einiges davon verblüfft Sie vielleicht wirklich. Teenager sind Idealisten und Optimisten. Sie haben den Mut der

Unschuld. Ihre Körper sind stark und schön. Und von Heuchelei sind sie fast völlig frei.

Wenn man einen Teenager in der Familie hat, gehört es mit zum Schönsten, wenn er Dinge entdeckt, die Sie vergessen oder einfach niemals bemerkt haben. Ein neues Paar Augen betrachtet die Welt, und es lohnt sich, genauer über ihren Enthusiasmus und seine Ursachen nachzudenken. Noch etwas ist wundervoll: Man kann mit ihnen reden. Von Zeit zu Zeit sind Teenager durchaus bereit, auf das alberne Gekreische und das übliche Neandertalgrunzen für ein paar Stunden zu verzichten und richtig zu sprechen. Sie können sich mit einem Becher Kaffee oder einer Flasche Wein hinsetzen und etwas mit ihnen erörtern, vor allem etwas Philosophisches, und Sie müssen ihnen keine Hanni-und-Nanni-Geschichte vorlesen oder den Arm vom Teddy annähen.

Teenager sind wie etwas merkwürdige neue Bekannte. Man weiß schon, daß man sie wahrscheinlich mögen wird, auf jeden Fall findet man sie interessant genug, um sich mit ihren Eigenheiten abzufinden und sie besser kennenlernen zu wollen. Wenn Sie geduldig sind, werden Sie Freunde für den Rest Ihres Lebens.

Es gibt so vieles, was man mit einem Teenager machen kann. Sie können sich im Fernsehen und Kino zusammen Filme für Erwachsene ansehen und später darüber reden. Sie können ihm erlauben, sein Zimmer selbst einzurichten oder Ihnen Abendessen zu machen. Sie können sich die Bücher und Zeitschriften Ihrer Tochter ausleihen, oder sogar ihre Kleider, wenn Sie das wirklich wollen. *Sie* können zur Abwechslung mal *ihr* Shampoo benutzen. Sie können Ihren Sohn bitten, Ihnen beim Schränkerücken zu helfen, oder eine Decke zu streichen, oder Ihnen zu erklären, wie ein Faxgerät funktioniert. Sie können zusehen, wie Ihre Tochter sich mit ihrer kleinen Schwester unterhält, ohne sie zu kneifen oder ihr

Dreirad zu klauen. Sie können Ihren Sohn bitten, Ihnen bis Freitag ein paar Mark zu leihen, und Sie können mit ihm einen langen, langen Spaziergang machen und müssen ihn zwischendurch niemals huckepack tragen.

Und dann haben wir da noch die willkommenen Befreiungen. Sie können endlich das Puppenhaus und den Laserstab loswerden. Sie brauchen Ihrem Kind nicht länger die Zehennägel zu schneiden, und endlich können Sie ihm gegenüber mit all den Märchen aufräumen, die den Weihnachtsmann, den Osterhasen und die Zahnfee betreffen. Sie können Ihre Träume davon aufgeben, daß Ihr Sohn im Lido tanzt und Ihre Tochter für den FC Liverpool spielt – oder war es anders herum? Egal, das ist unwichtig.

Das ist das Schöne an Kindern: Zu ihrer Geschichte gehören immer auch Sie. Am Anfang waren Sie und Ihre Kinder durch die Dinge miteinander verbunden, die Sie ihnen gaben. Jetzt bekommt Ihre gemeinsame Geschichte eine zusätzliche Dimension, weil Ihr Teenager anfangen wird, seine eigenen Traditionen zu schaffen. Das hält eine Familie lebendig. Daran müssen Sie in den dunklen Stunden denken, wenn Ihnen nur einfällt, daß Sie einen Sechzehnjährigen haben, der schwarzen Lidstrich trägt und in Religion eine Fünf hat und den Sie vielleicht doch besser ins Internat geschickt hätten.

Wenn Sie einen Teenager im Haus haben, bedeutet das Aussicht auf Zukunft, auch wenn Sie die persönlich nicht kennenlernen. Ihr Sohn mit dem Lidstrich, der glaubt, die Menschen wären viel freundlicher zueinander, wenn sie keine Hühner aus engen Käfigen mehr essen würden, und Ihre Tochter, die gern ein Freigeist wäre, die Ozonschicht retten möchte und außerdem gern ein hübsches Einfamilienhaus hätte: Das sind Ihre Abgesandten ins einundzwanzigste Jahrhundert. Wenn Ihnen das nicht über spätes

Nachhausekommen, unmögliche Klamotten, ausgebliebene Perioden und alles andere hinweghilft, wenn es Sie nicht wenigstens ein kleines bißchen interessiert oder aufregt, dann könnten Sie auch genauso gut tot sein.